Kölner Beiträge zur Sprachdidaktik

herausgegeben von
Hartmut Günther, Ursula Bredel & Michael Becker-Mrotzek

Reihe A

AF210306

Hartmut Günther

Beiträge zur Didaktik der Schriftlichkeit

Waxmann Verlag GmbH
Steinfurter Straße 555, 48159 Münster
info@waxmann.com

KöBeS (6) 2010

Waxmann
Münster · New York

Informationen über Köbes – Kölner Beiträge zur Sprachdidaktik finden Sie unter folgender Internet-Adresse:
www.koebes.uni-koeln.de

ISBN 978-3-89325-888-8

Bibliografische Information der Deutschen Bibliothek:
Die Deutsche Bibliothek verzeichnet diese Publikation in der Deutschen Nationalbibliografie; detaillierte bibliografische Daten sind im Internet über http://www.ddb.de abrufbar.

Inhalt

Vorwort

Der vorliegende Band fasst in relevanten Ausschnitten zusammen, was ich in den vergangenen 15 Jahren zur Schriftlichkeitsdidaktik erarbeitet habe. Drei Artikel werden hier erneut abgedruckt, weil sie nicht mehr ohne weiteres zugänglich sind, aber nach wie vor nachgefragt werden. Diese Texte sind bis auf offenkundige Schreibfehler unverändert wiedergegeben. Die anderen fünf Texte, die auf Vorträge bei verschiedenen Gelegenheiten zurückgehen und die das Spektrum meiner Arbeit zur Didaktik der Schriftlichkeit abrunden, erscheinen hier mitsamt einer Glosse zur Orthographiereform als Originalbeiträge.

Der Aufsatz *Erziehung zur Schriftlichkeit* (1993) ist mutmaßlich meine am häufigsten zitierte Arbeit. Der Text wurde in dieser Form auf dem 9. Symposion Deutschdidaktik in Nürnberg 1992 vorgetragen. Es wird gezeigt, dass die Unterscheidung von medialer und konzeptioneller Mündlichkeit/Schriftlichkeit für eine Reihe sprachdidaktischer Kernfragen außerordentlich nützlich ist.

Der Text *Strukturen des Schriftspracherwerbs*, der 2000 in einem Jahrbuch der Typographischen Gesellschaft München erschienen ist, geht zurück auf einen Vortrag beim Symposion *Lesen – Erkennen* in München 1999. Er gibt eine zusammenfassende Darstellung zu neueren Entwicklungsmodellen des Schriftspracherwerbs und zieht eine Parallele zur historischen Entwicklung der Schrift. Diskutiert wird anschließend das systematische Paradoxon des Schriftspracherwerbs, dass das, was das Kind lernen soll, eigentlich Voraussetzung für diesen Lernprozess ist.

Der Aufsatz *Strategiebasiertes Rechtschreiblernen* stellt die theoretische Basis des Ansatzes zur Rechtschreibdidaktik vor, der von mir in verschiedenen Schulbüchern des Duden-Paetec-Verlags realisiert worden ist. Der Ansatz basiert auf Stufenmodellen des Schriftspracherwerbs und folgt der Logik des deutschen Schriftsystems. Es wird davon ausgegangen, dass die deutsche Rechtschreibung zum überwiedenden Teil regulär ist und dass durch das Erlernen der Anwendung einer kleinen Anzahl von Strategien die in Richtlinien, Standards etc. geforderte Rechtschreibkompetenz für das Ende der Grundschule im Normalfall problemlos erreicht werden kann. Der Aufsatz stellt dieses in anderen Arbeiten und auch den Materialien zum Duden Sprachbuch ausführlich erläuterte Konzept knapp vor.

Der Beitrag *Von A-Z – Aspekte alphabetischen Sortierens* (1996) geht zurück auf einen Vortrag am Institut für Deutsche Sprache Mannheim und behandelt die Struktur und die historische Entwicklung dieser Kulturtechnik. Der Aufsatz selbst ist nicht sprachdidaktisch orientiert, stellt aber in knapper Form die wesentlichen Grundlagen für den folgenden Beitrag bereit.

Auf der Grundlage der Unterscheidung von Alphabetschrift und Alphabet-reihe geht der Originalbeitrag *ABC-Didaktik* der Frage nach, welche Rolle die Arbeit mit alphabetisch geordneten Listen in der Grundschule spielen kann. Das theoretische Problem ist, dass die Alphabetreihe und die darauf aufbauenden Sortier- und Nachschlageverfahren systematisch vom Lautbezug der Alphabetschrift absehen, sodass es für Kinder in der phonographischen Phase des Schriftspracherwerbs zu Problemen führt, mit „alphabetisch" sortierten Listen umzugehen.

Der Begriff *Grammatik* enthält das griechische Wort *gramma* „Buchstabe". Grammatik ist ohne Schrift nicht denkbar, auch Schriftdidaktik und Grammatikdidaktik stehen in einem engen Zusammenhang. Der historische Blick auf *Schulgrammatik im 19. Jahrhundert* zeigt, dass die heutige Praxis sich von der damaligen wenig unterscheidet - Vorschläge zu einer Erneuerung und Funktionalisierung des Grammatikunterrichts existieren durchaus, werden aber in der Regel weder von den Praktikern noch von den Politikern angenommen. Der Beitrag dokumentiert auch, dass die funktionale Perspektive im Zusammenhang mit der Unterscheidung von Mündlichkeit und Schriftlichkeit den meisten Didaktikern des 19. Jahrhunderts nicht klar war.

Der Aufsatz *Über Lesekompetenz* basiert auf einer Reihe von Vorträgen aus den Jahren 2003-2005. Es wird versucht, der vor allem aus der literaturdidaktischen Perspektive motivierten Kritik an dem Konzept der Lesekompetenz zu begegnen, das der PISA-Studie zugrundelag und zu verdeutlichen, dass die Kennzeichnung einer sprachlichen Kompetenz und die didaktischen Überlegungen, wie man diese Kompetenz erwerben/ lehren kann, voneinander unabhängig sind.

Der abschließende Beitrag *Konzeptionelle Schriftlichkeit – Eine Verteidigung* greift das Thema *Erziehung zur Schriftlichkeit* noch einmal auf und versucht, die Nützlichkeit des Konzepts im sprachdidaktischen Bereich auch gegen neuere Kritik herauszustellen.

In der ursprünglichen Konzeption dieses Bandes war auch der Wiederabdruck zweier Beiträge zur Orthographiereform vorgesehen. Aus verschiedenen Gründen, nicht zuletzt wegen der didaktischen Perspektive des Bandes, habe ich davon abgesehen. Aber da diese Orthographiereform auch die Didaktik der Schriftlichkeit betrifft und ich in diesem Zusammenhang eine Zeitlang sehr engagiert war, habe ich als Appendix eine

Glosse angefügt, die seinerzeit niemand hat drucken wollen; sie mag vielleicht zur Erheiterung mancher Leser beitragen. *Tut mir Leid/leid*, falls ich damit jemandem zu nahe trete.

Die einzelnen Widmungen gehen an Personen, die mein Wissen um Sprache besonders vorangebracht haben, auch durch ihre anderen Sichtweisen. Insgesamt aber ist es den Mitgliedern der *Studiengruppe geschriebene Sprache* gewidmet - alles, was ich über Schriftlichkeit und ihre Didaktik weiß, basiert auf den wunderbaren Diskussionen, die wir zwischen 1981 und 1996 im Rahmen der Werner Reimers Stiftung in Bad Homburg führen durften.

Dem Duden-Paetec-Verlag danke ich für seine großzügige finanzielle Unterstützung bei der Produktion der Papierversion dieses Bandes.

Für ihre umsichtige Erstellung der Druckvorlage danke ich Nora Hoppe und Benjamin Uhl ganz herzlich.

Köln, im Januar 2010

Hartmut Günther

Erziehung zur Schriftlichkeit

Erschienen in:

P. Eisenberg & P. Klotz (ed.), Sprache gebrauchen - Sprachwissen erwerben. Stuttgart: Klett 1993, 85-96.

Mit freundlicher Genehmigung des Ernst Klett Verlages, Stuttgart.

> Sitzn zwee Fische aufm Baum im strickn Knittax. Fliecht plötzlich ‚n Pferd vorbei. Sacht der eene ‚‚'ch möcht gern zwee Pferde sein, könntich selbs hinner mir herfliejn". Sacht der annere: ‚‚'ch möcht gern drei Pferde sein, könntich mich selbs hinner mir herfliejn sehn".

1 Mündlichkeit und Schriftlichkeit, medial und konzeptionell

1.1 Schriftlichkeit

Der Ausdruck Schriftlichkeit dürfte für die meisten von Ihnen gleichzeitig unbekannt und vertraut sein.[1] Denn einerseits ist er als wissenschaftlicher Begriff recht jung. Andererseits ist seine Wortbildungsstruktur durchsichtig: *Schrift-lich-keit* ist ein Substantiv, das vom Adjektiv *schriftlich* abgeleitet ist; dieses Adjektiv ist wieder vom Substan-

---

[1] Der vorliegende Text ist im Wesentlichen identisch mit dem Manuskript, das dem mündlichen Vortrag auf dem 9. Symposion Deutschdidaktik in Nürnberg zugrunde lag. Deshalb sind, aus nach der Lektüre hoffentlich einsehbaren Gründen, diverse Merkmale konzeptioneller Mündlichkeit beibehalten worden. Einige Überschriften und Anmerkungen „verschriftlichkeiten" das Ganze (s. u. Ende Zf. 2.4). Diskussionsbeiträge aus Köln, Hannover, Gießen und Nürnberg zu diesem Vortrag habe ich einzuarbeiten versucht.

tiv *Schrift* abgeleitet. Etymologisch betrachtet ist schließlich *Schrift* Verbalabstraktum zu ahd. *scriban* d.h. „das Geschriebene".

Schriftlichkeit hat also etwas mit *Schrift* zu tun. Suchen wir in Lexika nach, was man unter dem Stichwort Schrift findet, ergibt sich folgendes. Einem älteren Brockhaus von 1950 entnehme ich „die allgemein anerkannten Zeichen, in denen die Sprache festgehalten wird", und bei Bußmann (1983) finde ich „auf konventionalisiertem System von graphischen Zeichen basierendes Mittel zur Aufzeichnung von mündlicher Sprache" - und Entsprechendes findet sich in weiteren Lexika. Schrift ist also ein Instrument zur Wiedergabe von etwas anderem, der Lautsprache. Auf den Punkt gebracht hat diese Auffassung der amerikanische Linguist Leonard Bloomfield (1933) in seinem Buch *Language*: „Writing is not language, but merely a way of recording language by means of visible marks" - Schrift ist nicht Sprache, sondern nur ein Mittel, Sprache mit Hilfe sichtbarer Kennungen aufzuzeichnen. Die Schrift überträgt nur das eigentliche, die (mündliche) Sprache, in ein anderes Medium. Dies ist grosso modo die opinio communis der letzten 2000 Jahre nicht nur in der Sprachwissenschaft. *Omne verbum sonat* - jedes Wort tönt, so faßte Augustinus, Aristoteles folgend, diese Position in eine lapidare Formel, und das heißt: Es gibt nur eine Sprache, und die ist mündlich.

In den letzten 25 Jahren nun hat es zunehmend Kritik an dieser Position gegeben. Denn der Satz, Schrift transponiere Sprache „nur" in ein anderes Medium, ist seit Marshall McLuhans Dictum „the medium is the message" äußerst fragwürdig geworden; nach dieser Position impliziert schließlich jede Transformation in ein anderes Medium eine Veränderung der Inhalte. Und selbst wenn, auf einer ganz abstrakten Ebene betrachtet, der propositionale Inhalt einer Äußerung, eines Textes unverändert scheint, so verändert sich doch seine Verfügbarkeit, die Funktion des Signals, der Ablauf der Kommunikation, etc. Mündliche Kommunikation, das scheint evident, funktioniert einfach anders als schriftliche Kommunikation.

Der Frage, was denn nun anders ist in den beiden Bereichen, geht Walter S. Ong in seinem 1982 erschienenen Buch *Orality and Literacy* nach, dessen deutsche Übersetzung besser den Titel "Mündlichkeit und Schriftlichkeit" trüge (Ong, 1987). Ong zeigt in geschichtlicher Perspektive, wie die Einführung der Schrift, insbesondere die massenweise Reproduktion von Texten durch den Buchdruck, die Kommunikations- und Lebensverhältnisse der Gesellschaft und der darin lebenden Individuen grundlegend verändern. *Das Schreiben konstruiert das Denken neu* heißt das IV. Kapitel, und als zentrale Errungenschaft von Schrift und Druck kristallisiert sich der Text heraus - die aufgrund der Reproduzierbarkeit überhaupt erst geschaffene Identität von Äußerungen. Denn der genaue Wortlaut einer Äußerung spielt in mündlichen Kulturen praktisch keine Rolle, wenn von wenigen Randerscheinungen wie überlieferten Riten und magischen

Formeln abgesehen wird; er wird erst in einer Schriftkultur überhaupt wesentlich. Denn dort entwickelt sich durch die Gegenständlichkeit und Nicht-Flüchtigkeit schriftlicher Äußerungen ein anderes Verhältnis zur Sprache - erst wo die Identität des Wortes auch im Alltag eine Rolle spielt, können externe Normen wie z.B. Orthographien oder Orthoepien überhaupt entstehen (Ong 1987, 109).

Daß selbst ganz einfache kognitiv-sprachliche Leistungen nicht möglich sind, solange Schrift nicht verfügbar ist, daß also eine elementare Ebene kognitiver Leistungen durch Schriftlichkeit betroffen ist, haben José Morais und seine Brüsseler Kollegen in den letzten Jahren in einer Fülle von experimentellen und empirisch-beobachtenden Befunden zeigen können (Morais 1985). Sie stellten ihren Probanden Aufgaben wie „lassen Sie den ersten Teil des Wortes *Opa* weg". Durch den Vergleich der Leistungen von illiteralen und alphabetisierten Erwachsenen und auch von Kindern konnten sie nachweisen, daß es in der Tat das Verfügen über Schrift allein ist, das die Lösung solcher Aufgaben ermöglicht: Illiterale Sprecher waren nicht in der Lage, solche Aufgaben zu bewältigen, in diesem Falle also, als Antwort *pa* zu sagen. Die zentrale Leistung der Schrift auch hier in der Ontogenese besteht in der Möglichkeit, die Sprache selbst zum Gegenstand zu machen, sie ihrer Situationsgebundenheit zu entreißen und so neue kognitive Möglichkeiten zu schaffen, nicht zuletzt die Möglichkeit, sich die Sprache selbst als ein System von Regeln und Repräsentationen, als Grammatik, vorzustellen (vgl. Scheerer 1992, s.a.u. Zf. 2.2).

1.2 Mediale und konzeptionelle Schriftlichkeit

Nun ist diese Perspektive so neu nicht - wir finden sie schon bei Wygotski oder Bruner. Aber in diesen neueren Arbeiten wird die nur theoretisch begründete Position empirisch untermauert und erweitert. Außerdem soll sie im Folgenden in einen ganz anderen Zusammenhang gestellt werden.

Eine wesentliche Neuorientierung in der sprachwissenschaftlichen Schriftlichkeitsforschung beruht auf der Erkenntnis, daß eine direkte, d.h. eindimensionale Abbildung der Dichotomie Schriftlichkeit vs. Mündlichkeit auf andere Gegensatzpaare wie hypotaktisch vs. parataktisch, monologisch vs. dialogisch, reflektiert vs. spontan etc. dem Gegenstand nicht gerecht wird, so, als handele es sich einfach um mit dem Kanal (optisches vs. akustisches Signal) verbundene Verarbeitungsunterschiede. Koch und Österreicher (1986) weisen im Anschluß an Ludwig Söll den Unterschied von Mündlichkeit und Schriftlichkeit zwei Dimensionen zu, einer medialen und einer konzeptionellen, und verdeutlichen dies durch eine Reihe von Beispielen (vgl. Abbildung 1).

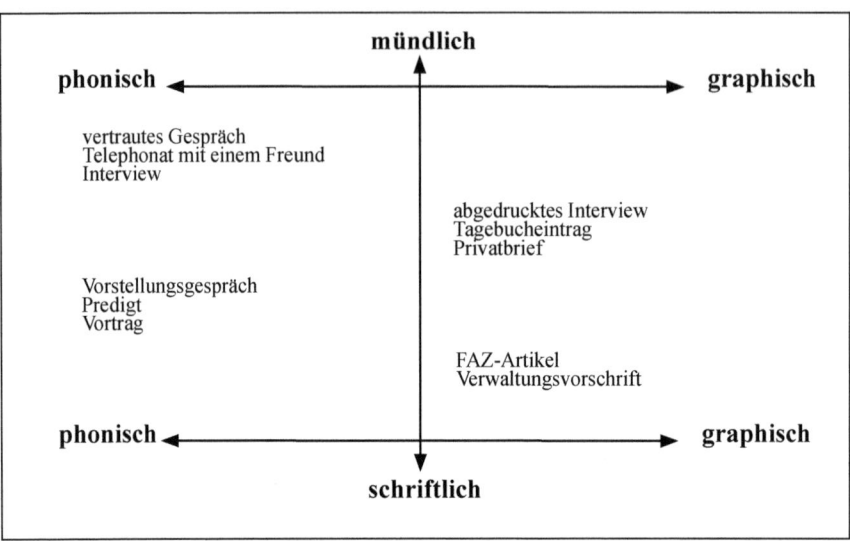

Abbildung 1: Die beiden Dimensionen der Mündlichkeit/Schriftlichkeit-Distinktion
(nach Koch & Österreicher 1986)

Die horizontale Achse kennzeichnet die mediale Dimension; sie ist dichotomisch: Eine Äußerung, ein Text kann immer nur entweder mündlich (phonisch, links) oder schriftlich (graphisch, rechts) sein. Konzeptionelle Schriftlichkeit bzw. Mündlichkeit ist die zweite Dimension, dargestellt auf der vertikalen Achse; sie ist graduell. Die beiden Dimensionen stehen orthogonal aufeinander, sind also beliebig kombinierbar. Es gibt mündliche Texte mit hoher konzeptioneller Schriftlichkeit. So stehe ich redend vor Ihnen, und doch habe ich vor mir einen geschriebenen Text, dem ich auch weitgehend folge. Deshalb gehört mein Vortrag (wie die meisten wissenschaftlichen Vorträge), wenngleich medial fast vollständig phonisch (bis auf die Begleitblätter), durchweg in die Domäne der konzeptionellen Schriftlichkeit: Es wird gesprochen, aber es handelt sich um geschriebene Sprache. Was heißt das? Es gibt eine Reihe von Merkmalen der Kommunikationsbedingungen und der Versprachlichungsstrategien, die typischerweise eher mündlich oder schriftlich gebraucht werden – sie sind in der langen Geschichte der Rhetorik, der Sprachwissenschaften und der Lese- und Schreibdidaktik vielfach diskutiert worden. Abbildung 2 (nach Koch & Österreicher 1986) zeigt einige Merkmale.

Auf der Ebene der Kommunikationsbedingungen stehen z.B. (eher) dialogische Strukturen konzeptioneller Mündlichkeit typischer Monologizität im schriftlichen Bereich gegenüber, ebenso Spontanität vs. Reflektiertheit, usw. Auf der Ebene der Versprachlichungsstrategien finden wir in konzeptioneller Mündlichkeit eher parataktische, in konzeptioneller Schriftlichkeit eher hypotaktische Organisation und treffen auf größere Kompaktheit und Elaboriertheit in der Schriftlichkeit gegenüber der Mündlichkeit, etc. Wichtig dabei ist nun aber, daß die Dichotomien nicht notwendig alle auf einmal verwirklicht sind und daß mancher schriftliche Text Merkmale konzeptioneller Mündlichkeit, mancher mündliche Merkmale konzeptioneller Schriftlichkeit aufweist. Der Text mit den beiden Fischen am Anfang verdeutlicht das: Medial ist er schriftlich - darum aber geht es hier nicht. Von der angestrebten Sprachebene her liegt konzeptionelle Mündlichkeit vor. Inhaltlich aber - das, was Gegenstand des Witzes ist -- gehört der Text aufgrund seiner Reflektiertheit und der Entfremdung aus irgendeiner erfahrbaren Situation ans äußerste Ende konzeptioneller Schriftlichkeit.

Mündlichkeit	*Schriftlichkeit*
(1) Kommunikationsbedingungen	
dialogisch, interaktiv	monologisch
Vertrautheit der Partner	Fremdheit der Partner
face-to-face Interaktion	raumzeitliche Trennung
freie Themenentwicklung	Themenfixierung
privat	öffentlich
spontan	reflektiert
Situationsverschränkung	Situationsentbindung
Affektivität	Objektivität
(2) Versprachlichungsstrategien	
Prozeßhaftigkeit	Vergegenständlichung
Vorläufigkeit	Endgültigkeit
parataktisch	hypotaktisch
geringere:	höhere:
Kompaktheit	
Integration	
Komplexität	
Elaboriertheit	
Planung	

Abbildung 2: Präferenzen in konzeptioneller Mündlichkeit und Schriftlichkeit
(nach Koch & Österreicher 1986)

Es ist dies beispielhaft für unsere heutige Situation: Konzeptionelle Schriftlichkeit und Mündlichkeit existieren nicht nebeneinander, sondern, wenn ich so sagen darf, durcheinander. Dem hochliteralen Menschen steht in der Regel der Eckpunkt „reiner" konzeptioneller Mündlichkeit nur noch in Ausnahmesituationen (Fluchen, in der Fankurve beim Meisterschaftsspiel, etc.) zur Verfügung - er ist eben drei Pferde geworden.

War bisher immer von kommunikativen Prozessen bzw. größeren Texten die Rede, so zeigt das Schema in Abbildung 3, daß auch die Ebene der Wörter und Buchstaben betroffen ist; mein Beispiel ist aus dem Münchner Dialekt. Ich denke, das Schema ist unmittelbar verständlich.[2]

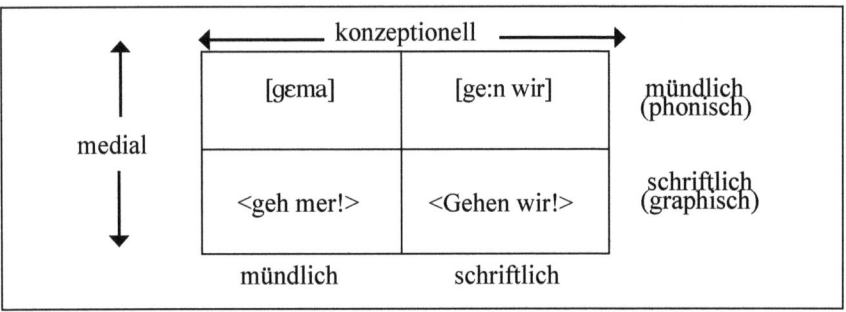

Abbildung 3: Mediale und konzeptionelle Schriftlichkeit und Mündlichkeit
(nach Koch & Österreicher 1986, Beispiel hg)

1.3 Zusammenfassung

Fassen wir zusammen. Wir unterscheiden auf allen Ebenen (Wortebene, Satzebene, Text- bzw. Diskursebene) mediale und konzeptionelle Mündlichkeit/Schriftlichkeit. In der medialen Dimension ist der Unterschied dichotomisch, in der konzeptionellen graduell. Darüber hinaus sind in einer gegebenen Situation Merkmale der konzeptionellen Ebene einzeln unabhängig adjustiert -ein Text kann reflektiert sein, eindeutig monologisch, dennoch sprachliche Mittel der Mündlichkeit bevorzugen, oder, z.B. nachher in der Diskussion, dialogisch-interaktiv, aber konzeptionell schriftlich. Dabei ist Schriftlichkeit nicht nur eine medial andere Form der Sprache - sie ist selbst Mittel zur qualitativen Erweiterung der kommunikativen und kognitiven Möglichkeiten des Individuums und der Gesellschaft.

---

2   In der Diskussion habe ich dann noch darauf hingewiesen, daß die Äußerung [jɛtsapakmas] (inhaltlich soviel wie: jetzt gehen wir aber) kein Pendant in der Kombination ‚medial mündlich/konzeptionell schriftlich' aufweist - nur der Preiß (Nichtbayer) als Witzfigur würde [jɛtspacknwires] äußern können.

2 Einige didaktische Konsequenzen

Mein Thema *Erziehung zur Schriftlichkeit* stellt eine finale Beziehung zwischen zwei Begriffen her. Wesentliche Aspekte des Finis in diesem Sinne habe ich in den vergangenen Minuten erläutert. Welche didaktischen Konsequenzen ergeben sich daraus? Ich möchte 4 Punkte herausgreifen:

1. Die Unangemessenheit eines Lese- und Schreibunterrichts, der allein auf die Vermittlung eines anderen Kanals abstellt,

2. die Vorstellung vom Lesen- und Schreibenlernen als Neu-Konstruktion sprachlichen Wissens,

3. die Notwendigkeit eines deutlichen Anhebens der Fehlertoleranz in der Grundschule,

4. die Perspektive der Mündlichkeit.

2.1 Die Unangemessenheit der Kanalkonzeption

Die opinio communis der Schrift und Schriftlichkeit, die ich eingangs gekennzeichnet habe, beherrschte (und beherrscht teilweise noch immer) die Didaktik des Lesens und Schreibens. Sie setzt allein auf der medialen Ebene an. Es komme nur darauf an, so wird formuliert, daß die Schüler „das Prinzip der Alphabetschrift begreifen lernen". Präsupponiert wird dabei, die I-Dötzchen hätten im Grunde alles nötige Wissen schon drauf bis auf, sagen wir, die Buchstabenformen; sie müßten diese neuen Gebilde, das ABC, „nur noch" auf die ihnen schon zur Verfügung stehende Phonologie abbilden. Solche Vorstellungen werden übrigens im Bereich generativer Ideologie in neuester Zeit wieder offensiv vertreten. Es ginge nur darum, das *knowing how*, das die Kinder im Bereich der Lautsprache schon haben, in ein *knowing that* zu transformieren und dieses dann auf die Schrift anzuwenden.[3]

Demgegenüber zeigen die neueren Forschungen insbesondere der oben schon erwähnten Brüsseler Gruppe, daß die Zusammenhänge zwischen Alphabet und Lautsprache beim Lernen genau umgekehrt aussehen: Durch das Verständnis der elementaren Eigenschaften geschriebener Zeichen und Texte - räumlich, diskret, nicht flüchtig - entsteht erst die Möglichkeit, sich ein Bild von der Lautsprache und ihrer Struktur zu ma-

---

3 Die Unterscheidung, die auf G. Ryle zurückgeht, bezeichnet den Umstand, daß die Fähigkeit zur Ausführung einer Handlung (knowing how) in der Regel nicht auf ein Wissen um die dabei angewandten Regeln und Mechanismen (knowing that) zurückgeht oder zurückgehen muß. Sprechen ist ein typischer Fall: Jeder kann es, und niemand weiß, wie es funktioniert.

chen (vgl. auch Andresen 1985). Natürlich wissen wir aufgrund unserer Kenntnis über den Verlauf von Lernprozessen, daß nun ein interaktives Geschehen einsetzt: In dem Moment, in dem das Kind das segmentale Prinzip der Schrift (Buchstaben, Wörter), erst auch nur an einem Detail, erkannt hat, wird es versuchen (und dazu angestoßen werden), dieses neue Prinzip weiter zu verwenden. Zunächst aber fehlt phonologisches Bewußtsein. Erst mit dem Erwerb der Möglichkeit, sich Lautäußerungen als Folge diskreter Teile vorzustellen,[4] kommt es zu Neuentdeckungen, die ihrerseits wieder das Schriftverständnis fördern.

Als praktische Konsequenz aus diesen Überlegungen ergibt sich die Notwendigkeit, ein wesentliches Augenmerk auf die Vorkenntnisse der Lese-und Schreiblerner zu richten und den Unterricht diesen unterschiedlichen Niveaus bereits erfahrener und (implizit) verfügbarer konzeptioneller Schriftlichkeit[5] individuell anzupassen; es gibt keine Stunde Null für den Schriftspracherwerb - weder in dem Sinne, daß alle Kinder die gleichen Voraussetzungen hätten, noch in dem Sinne, daß alle Kinder gar nichts wüßten.

2.2   Konstruktiver Schreibunterricht

Mit diesen Bemerkungen sind wir unversehens bereits zum zweiten Punkt gelangt. Lesen- und Schreibenlernen ist ein kognitiver Konstruktionsprozeß. Es wird das Haus der Sprache neu und großzügiger eingerichtet. Am wichtigsten dabei ist das Schreiben selbst, das elementare Hantieren mit den neuen Bauteilen.

Im Anfangsunterricht der Grundschule kommt es in ganz wesentlicher Weise darauf an, durch das eigene Schreiben erkennen zu lernen, daß man sich Sprache überhaupt als Folge einzelner Elemente konstruieren kann - Buchstaben, Wörter. Dieses Wissen,

---

4   Was sie nicht sind (vgl. Günther 1988, Kap. 1).

5   Die Tatsache, daß Kinder in unserer Gesellschaft in bestimmten Schichten (z.B. Kinder von Linguistikprofessoren) schon dauernd mit konzeptioneller Schriftlichkeit konfrontiert werden, bevor sie zu lesen und zu schreiben beginnen, dürfte nicht ohne Folgen bleiben. Es ist denkbar, daß hier Bewußtsein über Sprache im Sinne konzeptioneller Schriftlichkeit schon in der medialen (!) Mündlichkeit entsteht; überspitzt ausgedrückt, daß das Kind über konzeptionelle Schriftlichkeit verfügt, bevor es lesen und schreiben kann. Je nach Sichtweise wird man das entweder für eine höchst aufregende oder meinen ganzen Aufsatz trivialerweise ad absurdum führende Konsequenz halten. In diesem Zusammenhang gewinnt die Überlegung an Plausibilität, daß viele der Probleme, die in den 60er Jahren in der Soziolinguistik zum sog. restringierten und elaborierten Code diskutiert wurden, im Kontext der Diskussion von konzeptioneller Schriftlichkeit und Mündlichkeit ganz anders analysiert werden können - eine ähnliche Andeutung zu Bernsteins Ansatz bei Ong (1987, S. 107).

das ist spätestens seit Wygotski bekannt, liegt zunächst einmal nicht vor, weder explizit noch, und da hänge ich mich gegenüber vielen linguistischen Kollegen ziemlich weit aus dem Fenster, implizit. Das heißt, es gibt beim schreibenlernenden Kind nicht schon irgendwo im Kopf ein phonologisches System von Regeln und Repräsentationen - dieses bildet sich erst durch das konkrete Hantieren mit diskreten Segmenten, als Metasystem. Neuere konnektionistische Modelle der Sprachverarbeitung lassen diese für den an grammatischen Systemen orientierten Linguisten so schwer verstehbare Position auch als theoretische Möglichkeit zu. Scheerer (1993) verficht die These, daß primärorales Denken (d.h. nicht durch Schriftlichkeit tangiertes Denken) konnektionistisch und literales Denken symbolorientiert sei. Die Symbolfunktion sei kein Merkmal des menschlichen kognitiven Systems an sich; sie werde erst durch den Umgang mit physisch manipulierbaren, externen Symbolen erworben.

Die konstruktive Perspektive ist auch für die eigentliche Form des Schreibens als Verfassen von Texten sinnvoll. Das Schreiben von Aufsätzen verschiedener Art gilt als die zentrale schulische Übung dazu. In Anlehnung an Fritzsche (1980), aber mit anderer Intention und Interpretation, möchte ich drei Konzeptionen des Aufsatzschreibens unterscheiden: Den Aufsatz als Lernkontrolle, als Lerngegenstand, und als Lernmedium. Gemeint ist grosso modo in der ersten Konzeption, daß die Schüler einen Aufsatz schreiben zum Nachweis, daß sie einen bestimmten Stoff begriffen haben, den wissenschaftlichen Seminararbeiten, wenn ich so sagen darf, vorempfunden. Diese Konzeption setzt voraus, daß man schreiben kann - d.h., es handelt sich nicht um einen Schreiblernprozeß.

Die zweite Konzeption verlangt, daß der Schüler spezifische Aufsatzformen beherrschen lernt - welche das sind, bestimmt die jeweilige didaktische Vorstellung. Diese Konzeption übt Schreiben am Beispiel (als typischen Fall nenne ich die Bildbeschreibung, eine Übung, die mit wenigen Ausnahmen rein schulisch ist). Sie setzt aber ebenfalls etwas gar nicht Triviales als Wissen des Schreibenden voraus, nämlich, daß die Angemessenheit des Schreibens abhängt vom Texttyp. Wer schreiben erst lernt, wird sich auch hier hart tun. Die dritte Form setzt genau da an: (Aufsatz-) Schreiben als Lernmedium heißt, in meiner Interpretation: Schreibe, um zu schreiben. Beim Aufsatzschreiben geht es dann nicht darum, gewisse Formen zu erlernen, um dann auch in anderen Formen schreiben zu können; die Priorität besteht darin, Schreiben zu lernen, und das heißt, sich in konzeptioneller Schriftlichkeit zurechtzufinden - also etwa situationsentbunden zu formulieren, die Reaktion des Lesers zu antizipieren, die Möglichkeit des Redigierens immer schon beim Schreiben zu bedenken. Dieser letztere Punkt ist von besonderer Wichtigkeit; die schulische Praxis ist hier, zumindest bei den von mir beobachteten Fällen, besonders kläglich. Das Verbessern, Durchstreichen, Neuansetzen hat noch immer das Odium des Unvollkommenen, des teilweisen Versagens. Dabei ist doch das Überprüfen und Redigieren des bereits geschriebenen Textes ein zentrales Merkmal entwickelter Schreibfertigkeiten, wie dies alle gängigen Modelle des Schreibprozesses explizieren.[6]

2.3 Fehlertoleranz

Das suchende Konstruieren beim Aufsatzschreiben wie im Erstlese- und -schreibunterricht bedarf der Hilfe. Diese Hilfe kann nicht durch einfaches Setzen von Normen gegeben werden. Denn eine externe Produktnorm wie z.b. die Orthographie wird überhaupt erst durch die Schrift erzeugt (vgl. Ong 1987, 109). Das Kind kennt nur pragmatische Normen, d.h. interne Handlungsnormen (was muß ich tun, um mich richtig zu verhalten). Wenn also das Kind einen Rechtschreibfehler macht, beispielsweise das runde Rad am Ende mit einem T schreibt, so sind die meisten solcher Fehler in gewisser Weise systematisch richtig. Ein Beharren auf der Rechtschreibnorm von Anfang an impliziert für das Kind, daß sein Konstruktionsprinzip falsch war. In einem sehr plastischen Vergleich hat Marion Bergk diese Situation einmal verglichen mit der, daß man dem Kind, das Laufen lernt, das Krabbeln verbietet, weil das kein richtiges Laufen ist (Bergk 1986).

Darüber hinaus machen Fehlerstudien deutlich, daß die systematischen Fehlschreibungen wie z.B. bei der Auslautverhärtung vergleichsweise schnell genauso „von selbst" verschwinden wie im (ungesteuerten) Lautspracherwerb z.B. die übergeneralisierten Präterita vom Typ *ich singte* - in solchen Fällen muß gar nicht didaktisch eingegriffen werden, jedenfalls nicht in den ersten zwei Jahren. Denn das Kennen- und Verstehenlernen einer externen Norm im Sinne der Orthographie bedarf längerer Zeit, bedarf des Verstehens konzeptioneller Schriftlichkeit. Im Rahmen der Konzeption des sog. offenen Unterrichts sind hier neue Ansätze versucht worden; z.B. Gudrun Spitta (1989) setzt hier an. Da wird der Fehler als zentrale Lernleistung verstanden: Anders als im reformpädagogischen Konzept, das lediglich Fehler *tolerierte,* wird hier gefordert, daß Fehler gemacht werden *müssen* und daß das Korrigieren bestenfalls ein Angebot ist, jedenfalls so lange, bis von den Kindern überhaupt ein Verständnis für orthographische Normen erwartet werden kann. Natürlich hat hier der Lehrer das ungeheure Problem der Erwartung der Eltern und der Öffentlichkeit zu meistern: Für diese, mit konzeptioneller Schriftlichkeit vertraut, ist es ja nun gerade eine zentrale Forderung, daß richtig geschrieben wird. Hier bedarf es auch bei den Eltern eines geduldigen Lernprozesses.

---

6   Zum Stand der Diskussionen der Schreibforschung und möglicher Integration in didaktische Ansätze vgl. den von Jürgen Baurmann und Otto Ludwig herausgegebenen Sammelband (1990).

2.4 Auswirkungen auf die Mündlichkeit

Die Unterscheidung von konzeptioneller und medialer Mündlichkeit und Schriftlichkeit und die gleichzeitige Annahme einer Verflochtenheit der beiden impliziert, daß unsere Vorstellungen vom Funktionieren auch der mündlichen Kommunikation an der Schrift orientiert sind, und das bedeutet, daß auch die Anforderungen an die mündlichen Leistungen durch Schriftlichkeit geprägt sind. Das didaktische Ziel ist (auch), daß der Schüler schriftlich sprechen lernt. Als Beispiel betrachten Sie eine Direktive wie „Sprich bitte in ganzen Sätzen".[7] Sie ist in den letzten Jahren von progressiven Linguisten und Pädagogen häufig lächerlich gemacht worden. Es scheint, daß sie nicht recht verstanden haben, was eigentlich Legitimation dieser Forderung ist. Der Ursprung der Forderung „sprich im ganzen Satz" liegt in medial mündlichen, aber konzeptionell schriftlichen Diskurskonstellationen. Natürlich ist die Direktive unangemessen, wo interaktive Strukturen vorliegen und z.B. Wer - Wo - Was -Fragen zu beantworten sind (Wo warst Du? - In der Schule). Angemessen ist sie, wenn nicht auf Fragen dieser Art zu antworten ist, sondern umfangreiche Verbalisierungen notwendig sind. Die Selbstverständlichkeit der Schriftlichkeit für diejenigen, die über sie verfügen, führt also (z.B. bei Wer – Wo – Was -Fragen) oft zu unzutreffenden Vorstellungen über die mündlichen Sprachvorgänge und damit auch zu Fehleinschätzungen, weil Mündliches nach schriftlichem Schema beurteilt wird.

Aber dieses „sprich in ganzen Sätzen" zielt eigentlich in eine andere Richtung, könnte fast genauso gut lauten „sprich schriftlich". Und diese Forderung ist eben dort völlig angemessen, wo es um Diskurse von konzeptioneller Schriftlichkeit geht, insbesondere um monologische Strukturen - um Explikationen, Erklärungen etc. Stellen Sie sich vor, ich hätte hier im Wesentlichen in unvollständigen Sätzen geredet, oder wie eine Prüfungsleistung zu bewerten ist, in der dem Prüfer nur asyntaktisch einzelne Begriffe an den Kopf geworfen werden! Das Beispiel, und damit komme ich zum Schluß, zeigt ein weiteres. „Sprich im ganzen Satz" entspringt ja der Einsicht, daß man eben nicht einfach verschriften dürfe, was bzw. wie man spricht - das hat Karin Müller (1990) sehr schön anhand der Direktive „schreib wie du sprichst" aufgezeigt. „Sprich in ganzen Sätzen", denke ich, heißt eigentlich „Schreibe in ganzen Sätzen". Mit der, und jetzt bilde ich bewußt ein ganz fürchterliches Wort, „Verschriftlichkeitung" der Mündlichkeit ergibt sich die Notwendigkeit, diese Direktive auch für bestimmte Formen des mündli-

---

7 An dieser Stelle habe ich immer eine Pause gemacht, und programmgemäß begannen Teile des Publikums wissend zu lachen, was von mir mit dem Kommentar „Sie lachen wahrscheinlich an der falschen Stelle" bedacht wurde - mit dem wieder vorausgeplanten Effekt weiteren Gelächters. Schriftlichkeit? Mündlichkeit?

chen Diskurses zu beachten. D.h., in aller Regel sind wir uns gar nicht bewußt, daß auch unsere Mündlichkeit im Erwachsenendasein weitgehend (konzeptionell) schriftlich ist.

3   Schluss

Ich habe in diesem Vortrag anhand von vier Aspekten anzudeuten versucht, weshalb der Neuansatz in der Schriftlichkeitsforschung und insbesondere die zweidimensionale Unterscheidung von medialer vs. konzeptioneller Schriftlichkeit Konsequenzen auch für die Sprachdidaktik hat. Dabei geht es mir nicht darum, bisherige Konzepte und Methoden in Bausch und Bogen zu verwerfen - ich denke, daß vieles von dem, was ich hier unter dem Begriff konzeptionelle Schriftlichkeit behandelt habe, seit langem Gegenstand der Stilistik und Rhetorik gewesen ist. Das ändert nichts daran, daß die explizite Formulierung dieser Neuorientierung hilfreich sein sollte zu erkennen, welches das Unterrichtsziel ist und warum bestimmte methodische Vorgehensweisen sinnvoll und erfolgreich sind. Erziehung zur Schriftlichkeit heißt, Kinder erfolgreich zu lehren, sprachlich erwachsen zu werden, d.h. sich selbst bei wesentlichen Aspekten ihrer Sprachtätigkeit beobachten und kontrollieren zu können - im Sinne des Mottos, drei Pferde zu werden.

4   Literatur

Andresen, Helga. 1985. *Schriftspracherwerb und die Entstehung von Sprachbewußtheit.* Opladen.

Baurmann, Jürgen/Ludwig, Otto (Hrg.). 1990. *Schreiben - Schreiben in der Schule.* Gemanistische Linguistik 104/105.

Bergk, Marion. 1986. *Unterrichten ohne Fehlerängste.* In: Brügelmann, H. (Hrg.), ABC und Schriftsprache - Rätsel für Kinder, Lehrer und Forscher. Konstanz. S. 158-170.

Bloomfield, Leonard. 1933. *Language.* New York.

Bußmann, Hadumod. 1983. *Lexikon der Sprachwissenschaft.* Stuttgart.

Fritzsche, Joachim. 1980. *Aufsatzdidaktik.* Stuttgart.

Günther, Hartmut. 1988. *Schriftliche Sprache - Strukturen geschriebener Wörter und ihre Verarbeitung beim Lesen.* Tübingen.

Koch, Peter/Österreicher, Wulf. 1986. *Sprache der Nähe - Sprache der Distanz. Mündlichkeit und Schriftlichkeit im Spannungsfeld von Sprachtheorie und Sprachgeschichte.* Romanisches Jahrbuch 36, S. 15-43.

Morais, José. 1985. *Literacy and awareness of the units of speech. Implications for research onto the units of perception.* Linguistics 23, S. 707-722.

Müller, Karin. 1990. *„Schreibe, wie du sprichst." Eine Maxime im Spannungsfeld von Mündlichkeit und Schriftlichkeit.* Frankfurt/M.

Ong, Walter S. 1987. *Oralität und Literalität - Die Technologisierung des Wortes.* Opladen.

Scheerer, Eckart. 1993. *Mündlichkeit und Schriftlichkeit - Implikationen für die Modellierung kognitiver Prozesse.* In: Baurmann, J./Günther, H./Knoop, U. (Hrg.), HOMO SCRIBENS - Perspektiven der Schriftlichkeitsforschung. Tübingen. S. 141-176.

Spitta, Gudrun. 1989. *Erlernen Kinder im offenen Unterricht auch die Rechtschreibung?* In: Günther, K.B. (Hrg.), Ontogenese, Entwicklungsprozeß und Störungen beim Schriftspracherwerb. Heidelberg. S. 323-249.

Strukturen des Schriftspracherwerbs

Erschienen in:

R.P. Gorbach (Hrg.) (2000), Lesen - Erkennen.
München: Typographische Gesellschaft.

Mit freundlicher Genehmigung der Typographischen Gesellschaft München.

1 Schriftentwicklung[8]

Beim Sprechen erzeugen Menschen mit ihren Sprechorganen Schall, damit andere Menschen diesen mit ihren Hörorganen wahrnehmen. Die mündlichen Äußerungen haben eine zeitliche Ausdehnung und sind flüchtig. Der lautsprachliche Kommunikationsprozess muss eingestellt sein auf den Sachverhalt, dass das akustische Sprachsignal unmittelbar mit seiner Erzeugung auch schon wieder verschwindet. Zentraler Wahrnehmungsgegenstand sind die Veränderungen im Signal, nicht seine Konstanten.

Beim Schreiben erzeugt ein Mensch mit Hilfe von Werkzeugen visuelle Muster, die ein anderer (in der Regel zu einem anderen Zeitpunkt) mit seinen Sehorganen wahrnimmt. Schriftliche Äußerungen haben eine räumliche Ausdehnung und sind konstant. Bei ihrer Wahrnehmung gibt es keine

---

8   Der vorliegende Text basiert auf meinen beiden im Literaturverzeichnis als Günther (1998a,b) angegebenen Aufsätzen, aus denen längere Passagen wörtlich übernommen sind. Die beiden Sammelbände, in denen sie enthalten sind, geben einen ausgezeichneten Überblick über den gegenwärtigen Stand der Schriftspracherwerbsforschung.

zeitlichen Beschränkungen, die in der Natur der Sache lägen; zentraler Wahrnehmungsgegenstand beim Lesen ist das Konstante im Signal, sind nicht visuelle Veränderungen.

Es ist merkwürdig, dass diese so offensichtlichen Unterschiede zwischen gesprochener
und geschriebener Sprache[9] und ihre Konsequenzen in der Geschichte der mit Sprache befassten Wissenschaften nicht ins Zentrum der Überlegungen zum Verhältnis von
Schriftlichkeit und Mündlichkeit gestellt worden sind. Dies liegt wohl in erster Linie an
dem überkommenen Glauben an die uneingeschränkte Priorität der Lautsprache: Gesprochene Sprache ist historisch früher als Schrift, und Kinder lernen zuerst sprechen,
danach (wenn überhaupt) lesen und schreiben.[10] Aus diesem Sachverhalt wurde vielfach der Schluss gezogen, dass Schrift grundsätzlich der Lautsprache nachgeordnet sei;
sie verdanke ihre interne Organisation ausschließlich den Strukturen der Lautsprache,
wie denn auch das gesprochene Wort mehr Geltung habe als das geschriebene. Daraus
wurde vielfach eine teleologische Sicht der Schrift abgeleitet: Sie habe im Wesentlichen der Abbildung der Lautsprache zu dienen. Diese Position lässt das Phänomen
unerklärt, dass sich die äußere Form schriftlicher Äußerungen seit der Erfindung des
Alphabets drastisch verändert hat, und zwar gerade weg von einer Wiedergabe lautli-
cher Verhältnisse, vgl. Abbildung (1).

Vergleicht man die Beispiele von Abbildung (1) mit der gedruckten Form des vorliegenden Textes, so wird deutlich, welch gewaltige Veränderungen des Schriftbildes in den
letzten 2000 Jahren stattgefunden haben - von einer Notation, mit der man einigermaßen
lautliche Aspekte wiederzugeben suchte, zu einer hochgradig komplexen Textstruktur.
Neuere schriftliche Texte sind anders organisiert als mündliche Äußerungen, müssen
es sein. In der geschriebenen Sprache werden mit Leerzeichen, Großschreibung und
Interpunktion, mit Initialen, Abkürzungen und Formeln, mit Überschriften, Inhaltsver-
zeichnissen und Registern, mit Grafiken, Rubriken und Tabellen, und natürlich auch
mit verschiedenen Schriftarten und Schrifttypen schrift-sprachliche Verfahrensweisen
geschaffen, die der mündlichen Sprache fremd sind und die dort kaum realisiert werden
können.

---

9 Vgl. ausführlicher Günther & Pompino-Marschall (1996).

10 Vgl. zum Satz von der Priorität der Lautsprache ausführlicher Günther (1995).

I

INDERANTIKEUNDIMMITTELALTERWIRDWIEISEMBEISPIELGE
SCHRIEBENESGIBTKEINETRENNUNGDERWÖRTERKEINEGROS
SUNDKLEINSCHREIBUNGKEINEINTERPUNKTIONKEINEABSÄTZE
UNDSOWEITERSOLCHETEXTESINDSCHWERZULESEN

II

EINERSTERSCHRITTZURGLIEDERUNGDESSCHRIFTBILDSISTFOL
GENDER
GRÖSSEREEINHEITENWERDENZUMBEISPIELDURCHINITIALENO
DERZEILENNEUANFANGMARKIERT
SCHLIESSLICHENTWICKELTSICHDERPUNKTZUMZEICHENFÜR
DASENDEDESSATZESALSDERGRÖSSTENGRAMMATISCHENEIN
HEIT.

III

DEN ENTSCHEIDENDEN SCHRITT ABER STELLT DIE EINFÜRUNG
DES WORT-ZWISCHENRAUMS DAR. DER TEXT WIRD AUF DIESE
WEISE IN GRAMMATISCHE EINHEITEN GEGLIEDERT. LESEN UND
SCHREIBEN VERÄNDERN SICH. LEISES LESEN UND SCHREIBEN
WERDEN ERLEICHTERT ODER ÜBERHAUPT ERST MÖGLICH.

IV

Etwa um die gleiche zeit wird durch die entwicklung der karolingischen
minuskel das schriftbild weiter strukturiert. Ober- und unterlängen und die
unterschiedliche größe der buchstaben erleichtern die lesbarkeit. Die groß-
buchstaben der kapitalis dienen der markierung von satzanfängen sowie der
AUSZEICHNUNG bestimmter Textteile.

V

Schließlich wird durch die schrittweise Entwicklung der Interpunktion, der
Groß- und Kleinschreibung und anderer Mechanismen die syntaktische Organisation des Satzes schon im Schriftbild angezeigt.

Abbildung 1: Schematische Darstellung der Entwicklung des Schriftbildes

Vor allem aber wird die Schrift entphonetisiert, was in Abbildung (1) kaum berücksichtigt ist. [vɪaʃʀaɪbmnɪçvi:vɪaʃpʀɛçn] - wir schreiben nicht, wie wir sprechen, steht da in breiter phonetischer Notation. Ein gutes Beispiel ist die sog. Auslautverhärtung im Deutschen: Schrieb man im Mittelhochdeutschen noch lautgetreu *der tac - des tages*, so setzt sich spätestens seit dem 15. Jahrhundert das Prinzip der Morphemkonstanz durch (Günther 1988, 4.4): Die Bedeutungsträger werden in der Regel immer gleich geschrieben unabhängig von Ausprachedifferenzen zwischen einzelnen Formen, also z.B. *der Tag - des Tages* trotz unterschiedlicher Aussprache [tɑ:k] vs. [tɑ:gəs].

Die Schreibweise antiker Texte, die bis ins frühe Mittelalter beibehalten wird, insbesondere ihre phonetische Ausrichtung, erzeugt Schriftstücke, die frühen musikalischen Notationen vergleichbar sind. Sie werden erst durch Ver-Lauten erfassbar. Weil die Schreibung grundsätzlich auf der Ebene des Lautbezugs bleibt, ist diese Phase der Schriftentwicklung mit dem Terminus „phonographisch" zu kennzeichnen: Die Schriftzeichen modellieren mehr oder weniger gelungen Aspekte des Gesprochenen. Dies lässt sich auch für den Lesevorgang durchaus wörtlich verstehen: Der Leser verlautet die Buchstabenfolge und versucht, das Gehörte (!) zu verstehen. Deshalb ist Schreiben und Lesen in der phonographischen Phase der Schriftgeschichte, d.h. im Altertum und im Mittelalter, stets (buchstabierendes oder syllabierendes) lautes Schreiben und Lesen. Texte, die so geschrieben sind, kann man kaum ohne Zuhilfenahme der Lautsprache lesen, und man kann sie nicht flüssig vorlesen - jedenfalls wenn man sie nicht auswendig kennt.[11] Erst die oben skizzierten Veränderungen der Schreibweisen ermöglichen neue Lese- und Schreibpraktiken, insbesondere leises Lesen unbekannter Texte und eigenhändige Textproduktion (Saenger 1982; Ludwig 1996). Die Entwicklung besteht darin, dass Schreiber und Leser zunehmend grammatische (statt phontisch-phonologische) Einheiten sehen und dadurch auch „hören" können (Olson 1994, 1997).

2   Die Struktur des Schriftspracherwerbs

Es gibt interessante Parallelen zwischen der Schriftentwicklung und neueren Phasen-Modellen des Schriftspracherwerbs (Frith 1985, K.B. Günther 1986, zu Differenzierungen vgl. Scheerer-Neumann 1996a). Allerdings ziehe ich es vor, von Strategien zu sprechen, die Kinder beim Schriftspracherwerb anwenden, da sich die „Phasen" überlappen. Problematisch ist auch die weitere Terminologie, derer sich Frith (1985) und

---

11   In der Tat wird damals viel mehr abgeschrieben als Neues produziert; darin besteht die angesprochene Parallele zur frühen Musiknotation als eines Merk- und Vergewisserungssystems, vgl. Günther (1998b) und die dort genannte Literatur, insbesondere Saenger (1982), sowie den Artikel *Notation* in MGG (1995).

K.B. Günther (1986) bedient haben. Ich werde deshalb im Folgenden nicht von der logographischen, alphabetischen und orthographischen Phase sprechen, sondern von einer semantischen, einer phonographischen und einer grammatischen Strategie.

Grundüberlegung der folgenden Ausführungen ist die Vorstellung, dass sich im Schriftspracherwerb die mentalen Repräsentationen sprachlicher Einheiten beim Kind verändern. Ganz wie in der Schriftgeschichte besteht der wesentliche Entwicklungsgang darin, dass diese Repräsentationen stärker gegliedert werden. Ich versuche, meine Überlegungen in Anlehnung an frühere Darstellungen mit Hilfe von drei Skizzen zu verdeutlichen. Dabei habe ich durch einen Kreis die „mentale Repräsentation" bzw. den „Eintrag im mentalen Lexikon" zu visualisieren versucht.[12] Wie in der Linguistik üblich bezeichnen eckige Klammern phonetische Repräsentationen, Spitzklammern graphemische und Schrägstriche phonologische Repräsentationen.

2.1 Semantische Strategie

Die früheste Phase vermischt sich mit dem Verständnis von Emblemen. Das Erkennen zweier ineinander gestellter gelber Bögen als „McDonalds" oder eines charakteristischen weißen Schriftzuges als „Coca-Cola" kann kaum als „Lesen" bezeichnet werden; das Emblem ist Teil des Begriffs selbst. Es ist anzunehmen, dass so auch das Sichtvokabular funktioniert, das von Kindern zu Beginn des Lesenlernens in der von Frith (1985) so genannten logographischen Phase aufgebaut wird. Woran die Kinder bei dieser semantischen Strategie ein Wort eigentlich erkennen, ist unklar - es sind irgendwelche, zufällig eingeprägte visuelle Merkmale. Entscheidend ist, dass das graphische Element, ein zugeordnetes Lautliches und die Bedeutung ungetrennt sind, nicht einzeln zur Verfügung stehen. Der Eintrag im „mentalen Lexikon" ist eine unlösbare Verbindung von Name und Ding selbst; auf diese Verbindung wird das graphische Signal bezogen, es wird Teil der Gesamtrepräsentation. Wie Frith (1985) und K.B. Günther (1986) zurecht betonen, besteht das zentrale Problem dieser Vorstufe zur Schriftlichkeit darin, dass man zwar „lesen" kann, nicht aber schreiben, weil das visuelle Symbol selbst ungegliedert ist und auch keinerlei Stütze in der globalen, ungegliederten Repräsentation im verbalen Gedächtnis hat. Abbildung (2) kennzeichnet den „Lese"vorgang in dieser semantischen Phase.

---

12 Vgl. zu Struktur, Erwerb und Organisation des „mentalen Lexikons" Aitchison (1997).

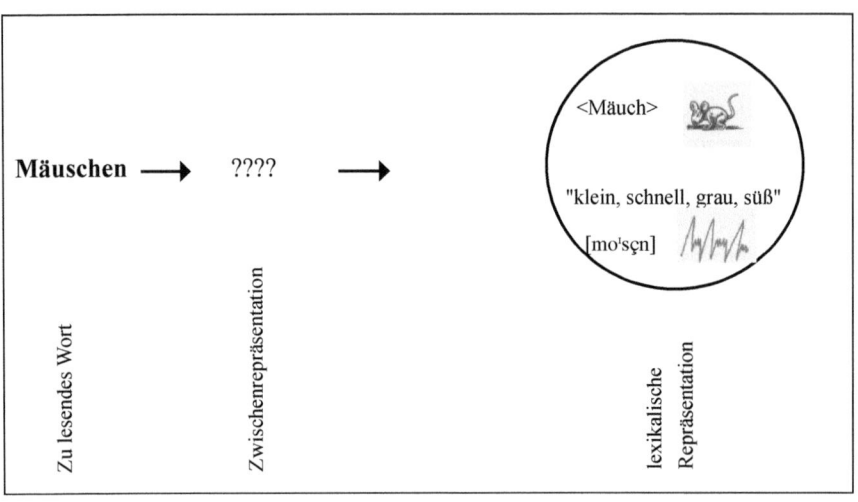

Abbildung 2: Erkennen des Wortes Mäuschen (semantische Strategie)

Es ist noch keine Gliederung erkennbar; von einem gesehenen Mäuschen wird irgend-eine Repräsentation gebildet (????), mit deren Hilfe dann die Information im Gedächt-nis abgerufen wird. Das kann eine Eigenschaft des gehörten Signals sein (durch ein Fantasie-Oszillogramm angedeutet), der phonetischen Repräsentation [moˈsçn] oder auch einer visuell-graphischen Teilrepräsentation, etwa <Mäuch>. Sache und Name sind ungetrennt; sie werden zusammen aktiviert.

2.2 *Phonographische Strategie*

Das Ausmaß, in dem Kinder eine semantische Strategie anwenden, ist sehr unterschied-lich und möglicherweise auch von der vorherrschenden Leselehrmethode abhängig. Einzelne Kinder scheinen kaum so zu lesen, sondern mehr oder weniger von Anfang an zu versuchen, phonographisch zu operieren. Dabei sind zwei Aspekte der Entwicklung zu unterscheiden. Der eine besteht darin, dass das Kind lernt, zwischen dem Gegen-stand und seinem Namen, zwischen Form und Bedeutung zu unterscheiden; der ande-re besteht darin, Buchstaben- und Lautfolgen einander zuzuordnen. Das Kind verfügt zunächst über keinen Wortbegriff, und es trennt nicht zwischen Sache und Namen. Es gibt in der Forschung zur metasprachlichen Entwicklung des Kindes zahlreiche em-pirische Belege für diese fehlende Trennung zwischen Name und Sache, zwischen Zeichen(träger) und Bedeutung (vgl. Andresen 1985). Bekannt sind z.B. Antworten von Kindern, die auf die Frage nach dem längeren Wort die Kuh vor dem Schmetterling nennen, weil erstere das größere Tier ist. Der Sachverhalt ist seit langem bekannt, seine phonographischen Implikationen weniger. Die Unterscheidung von Name und Sache, von Wort und Bedeutung ermöglicht es überhaupt erst, den Namen (das Wort) und seine Lautstruktur als solchen zum Gegenstand kognitiver Vorgänge zu machen. Das Mäuschen hat vorne kein „mmmm", sondern ein Schnäuzchen, und hinten ein Schwänzchen, kein „nnnn". In dem Moment erst, in dem zwischen dem Mäuschen mit Schnäuzchen vorne und Schwänzchen hinten einerseits und dem [moˈsçn] ausgesprochenen Wort mit vorne „mmmm" und hinten „nnnn" andererseits unterschieden wird, kann der phonographische Aspekt wirklich zum tragen kommen. Er besteht darin, dass durch die Konzentration auf die lautliche Form (statt auf die Verbindung von Form und Bedeutung) zwischen der visuellen Form und der Lautform Verbindungen hergestellt werden: Es wird das auf dem Papier Stehende ver-lautet. Erkannt wird das Wort genau dann, wenn von dem *hörbaren* Ergebnis der Verlautung ein Weg zu einem „Lexikoneintrag" gefunden wird. Dabei kann es vor allem in der Anfangsphase so sein, dass das Verlautungsprodukt, etwa „määäuuussschchcheeeennn", nur wenig Ähnlichkeit mit dem Zielwort hat. Dies ist in Abbildung (3) schematisch angedeutet.

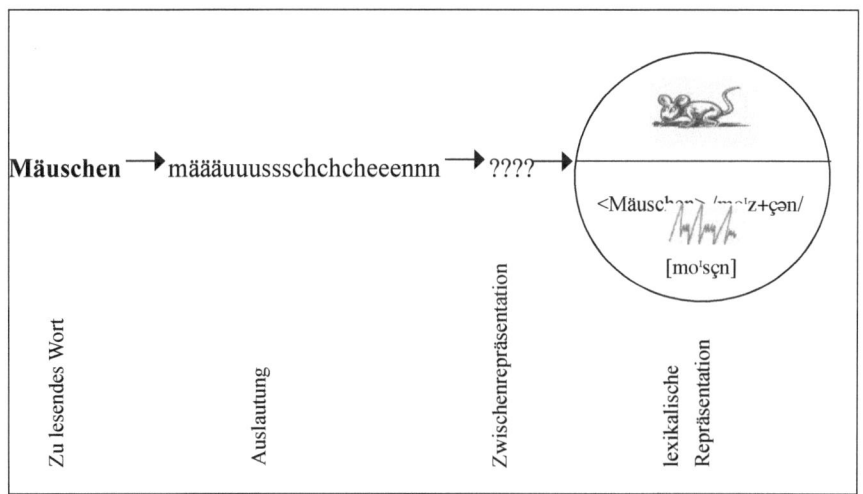

Abbildung 3 : Erkennen des Wortes Mäuschen (phonographische Strategie)

Der Unterschied zur in Abbildung (2) modellierten semantischen Strategie besteht darin, dass (a) im „Lexikon" des Kindes Wort und Sache analytisch getrennt werden, nurmehr einander zugeordnet sind, und dass (b) der Zugriff auf die phonologische Repräsentation hin erfolgt. Das Kind sieht die Buchstabenfolge Mäuschen, es lautiert sie „määäuuussschchcheeeennn" und versucht, diese Klangfolge als phonetische Folge zu verstehen, idealerweise als [moˈsçn], eine phonetischer Ausdruck, der ersichtlich sehr weit entfernt ist von dem Lautierten. Die interne Repräsentation des so Gehörten (angedeutet wieder durch ????) muss nun mit dem Eintrag /moˈz+çən/[13] im mentalen Lexikon in Verbindung gebracht werden. Solche gegliederten Lexikoneinträge werden aber beim Schriftspracherwerb gerade erst aufgebaut bzw. ausgebaut; dies ist in der Graphik durch die graue Farbe angedeutet (s.u. Zf. 4). Der Weg vom geschriebenen Mäuschen zum Verständnis, dass hier das Wort Mäuschen steht, gelingt nur über Verlautung und daraus gefundener phonologischer Repräsentation; diese ist quasi das „Interface", das in der semantischen Phase in dem Sinne noch nicht verfügbar ist, als es keine Trennung zwischen Wort und Sache gibt.

2.3 Grammatische Strategie

Keine (heutige) Alphabetschrift ist rein phonographisch. Die Beispiele in Abbildung (1) verdeutlichen diesen Sachverhalt. Der schriftliche Kode, in dem z.B. dieses Buch gedruckt ist, lässt sich nicht (oder nur auf sehr zeitaufwendige Weise) allein durch phonographisches Lesen „knacken". Phonographisches Lesen ist nur ein Durchgangsstadium. Wer nur verlautend lesen kann, hat den wesentlichen Sprung zum grammatischen Lesen nicht vollzogen, d.h. er versteht es nicht, die über den phonographischen Aspekt hinausgehenden visuellen Informationen auf dem Papier auszunutzen. Der Übergang ist qualitativer Natur. Es geht nicht darum, dass das phonographische Lesen durch „Verschleifen" der Laute immer besser wird, dass der Übersetzungsprozess „automatisiert" und beschleunigt wird - es geht darum, dass anders gelesen wird.[14] Im Unterschied zu landläufigen Ansichten wird hier die Auffassung vertreten, dass in systematischer Hinsicht schriftliche Äußerungen mehr Informationen enthalten als mündliche, denn das Verständnis mündlicher Äußerungen wird gestützt durch Gestik, Mimik, Situation etc., die im Schriftlichen fehlen. Schriftliche Äußerungen müssen im Regelfall aus sich selbst heraus verständlich sein, deshalb geben sie die grammatische Struktur greifbar vor; davon Gebrauch zu machen muss das Kind lernen. Genau wie vielfach in der Schriftgeschichte (vgl. Olson 1994, 1997) findet auch das Kind zunächst unbekannte Strukturen vor. Es muss das vorfindliche handgreifliche Modell der Schrift anwenden auf die unbekannten Strukturen der eigenen Lautsprache. Deren Verbindung aber ist nicht vorgegeben. So wenig, wie für das Kind vorher phonologische Repräsentationen

---

13 Die Notation bedeutet: *Mäuschen* ist von *Maus* abgeleitet, daher das Grenzsymbol # vor dem Verkleinerungssuffix -*chen* sowie das Symbol /z/ für das stimmhafte S (hörbar nur im Plural *Mäuse*).

14 Es ist in der Tat genau umgekehrt: Phonographisches Lesen ist die Ursache der Dyslexie; erst wer im Regelfall nicht mehr lautsprachlich liest, ist ein moderner kompetenter Leser, vgl. zu diesem Aspekt ausführlich die hier nicht aufgenommenen Passagen in Günther 1998b, 107-113, sowie zur Rolle der Lautsprache beim Lesen grundsätzlich Günther 1988: Kap. 6.

zugänglich sind, so wenig gibt es vorab Kategorien wie Wort, Satz, Substantiv, Überschrift etc. Dabei geht es nun nicht nur darum, dass sich das Kind Kategorien, die ihm lautsprachlich schon zur Verfügung stehen (im Sinne eines knowing how), nun nur noch bewusst machen muss (im Sinne eines knowing that). Der Erwerb metasprachlicher Fähigkeiten ist quasi ein Nebenprodukt; de facto geht es um den Aufbau eines strukturierten und kognitiv zugänglichen Systems, dessen Organisationsbasis die Etiketten, die Wörter sind und gerade nicht die Sachen.

In der Schrift spiegelt sich - sehr gebrochen - die Organisiertheit der Wörter im mentalen Lexikon des Lesen und Schreiben beherrschenden Erwachsenen; beim Schriftspracherwerb geht es darum, die lexikalischen Einheiten nach sprachlichen Parametern zu ordnen *und* einen effizienten Zugriff auf die in dieser Organisation aufgehobenen Einheiten zu erwerben.[15] Abbildung (4) zeigt davon einen minimalen Aspekt.

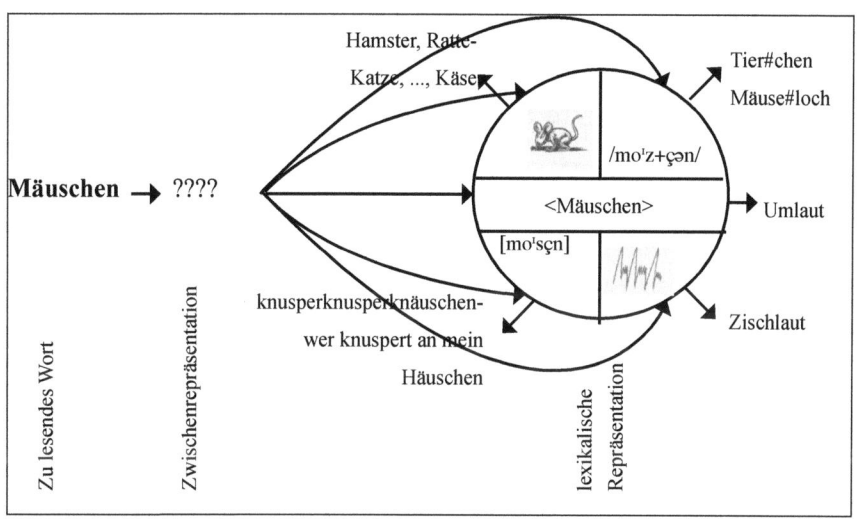

Abbildung 4: Erkennen des Wortes Mäuschen (grammatische Strategie)

Der Lexikoneintrag für *Mäuschen* enthält nun neben dem Wissen um den Gegenstand eine Organisation der verschiedenen Aspekte dieses Wortes, von denen nur einige angedeutet sind, etwa der Unterschied zwischen phonetischer und phonologischer Reprä-

---

15 Beim gegenwärtigen Forschungs- und Theoriestand ist die Frage nicht entscheidbar, ob die Strukturen sozusagen „schon da" sind und nur die Zugriffsmechanismen entwickelt werden, oder ob tatsächlich neue mentale Repräsentationen über die Kennzeichnung orthographischer Verhältnisse hinaus gebildet werden. Wahrscheinlich werden neue Zugriffsweisen *und* neuartige Repräsentationen gebildet, vgl. Olson (1994, 1997) sowie Scheerer-Neumann (1997). Wesentlich ist, dass der Erwerb der Schriftsprache Auslöser dieser Vorgänge ist.

sentation, die morphologische Struktur, etc. Was durch die gebogenen Pfeile angedeutet wird ist der Sachverhalt, dass diese Informationen einzeln zugänglich werden. Durch die aus dem Kreis herauszeigenden Doppelpfeile wird verdeutlicht, dass dieser Lexikoneintrag bzw. seine Komponenten im Netzwerk des mentalen Lexikons mit vielen anderen verbunden ist - mit semantisch benachbarten (*Hamster, Ratte; Katze*), mit reimenden (*Knusper ... häuschen*), mit anderen Diminutiven auf -*chen*, mit der Information über Schriftstruktur (Umlaut wegen *Maus*, sonst hieße es *Meuschen*), etc. In dem Maße, in dem das Kind die Trennung zwischen Sache, Name und ihren vielfältigen Eigenschaften und Verflechtungen durchführen kann, gelingt auch das direkte Lesen immer besser: Der Zugriff erfolgt immer weniger, schließlich beim erfahrenen Leser praktisch überhaupt nicht mehr über die phonologische Repräsentation.[16]

3   Die Sprache des Kindes und die Schrift der Erwachsenen

3.1 Die schriftorientierte Sprachsicht der Erwachsenen

Bei der eingangs gegebenen Darstellung der medialen Unterschiede zwischen Schriftlichkeit und Mündlichkeit war der Hinweis auf die Nichtflüchtigkeit des geschriebenen Textes zentral. Angesichts der Dominanz der visuellen Wahrnehmung beim Menschen kann es nicht überraschen, wenn dem Schriftkundigen die gegenständliche, visuell wahrnehmbare schriftliche Form der Sprache zur dominierenden, maßgebenden Form und Norm wird.[17] Wenn (schriftkundige) Erwachsene über Sprache reden, dann reden sie über Sprache, wie sie geschrieben wird. Dabei nehmen sie an, dass die nur in der schriftlichen Form direkt greifbare grammatische Artikulation auch im Mündlichen unmittelbar gegeben sei. Sie reden z.B. ganz selbstverständlich über Sätze, Wörter und Substantive, denn im geschriebenen Text kann man sie sehen. Man kann sie aber nicht in demselben Sinne hören, wie man sie sehen kann. Der Erwachsene hat bestimmte (grammatisch determinierte) Kategorien zur Verfügung, weil die Schrift sie ihm zeigt, und er kann sie deshalb auch auf die gesprochene Sprache anwenden. Weil ihm das so selbstverständlich ist, setzt er die Sichtbarkeit dieser Kategorien auch bei anderen (Kindern, Analphabeten) als gegeben voraus. David Olson hat in diesem Sinne die Schrift

---

16 Vgl. ausführlich Günther 1988 (Kap. 6), 1998b.

17 Vielleicht die bemerkenswerteste Folge der gegenwärtigen Medienrevolution ist die Rückkehr der nicht-visuellen Kanäle in die Darstellung und Wahrnehmung kognitiv komplexer Sachverhalte.

als Modell der Lautsprache bezeichnet: Die sprachlichen Kategorien werden erst durch die Schrift sichtbar und dadurch (be)greifbar (s.u.).

Belege für die Orientierung des Erwachsenen an der schriftlichen Form der Sprache sind Legion. Vergisst das lernende Kind, den Wortzwischenraum zu schreiben, so wird das moniert mit der Frage „zähl doch mal nach, wieviele Wörter das sind", verbunden mit einen völlig unnatürlichen, skandierenden Lesen, bei dem auf jedes   Wort   eine   Pause   folgt,   aber   natürlich   spricht   niemand   so,   es   gibt   beim   normalen   Sprechen   keine   Pausen   zwischen   den   Wörtern.[18] Schriftsprachliche Normen verlangen vollständige Sätze - also muss das Kind auch in ganzen Sätzen sprechen. Hinter jeden Satz gehört ein Punkt, wird der Schüler belehrt - und was ein Satz ist, erkennt man am Schlusspunkt; Substantive schreibt man groß, und was ein Substantiv ist, erkennt man an der Großschreibung. Dem Lehrerrat folgend, dass man schreiben solle, was man hört, schreibt das Kind das runde Rad mit einem T am Ende *rat* oder *raat* und bekommt zu hören „hör doch mal, raaddd" - aber das Kind hat durchaus geschrieben, was es gehört hat, denn das RAD wird immer [raːt] ausgesprochen, eine Aussprache [raːd] oder gar [rɑːddd] ist falsch und kommt in der natürlichen Rede nicht vor (s.o. zu *Tag*).

Zusammengefasst: Erwachsene setzen das Modell der Sprache, das ihre geschriebene Form bietet, als auch dem Kind direkt verfügbare oder zumindest einsehbare Realität voraus - da die grammatischen Strukturen der Schrift ja auf die mündlichen Äußerungen (häufig falsch) abgebildet werden können, müssten sie dem Kind, das doch sprechen kann, auch verfügbar sein. Diese Annahme ist aber irrig.

3.2 Die Sprache des Kindes

Trivialerweise ist die Sprache des Kindes mündlich; seine sprachlichen Erfahrungen hat es im Umgang mit mündlichen Äußerungen gewonnen. Wie eingangs bemerkt, gewinnen auditive Ereignisse ihre Qualität und Identität dadurch, dass sich in der Zeitdimension akustische Veränderungen vollziehen. Die Sprache des Kindes hat deshalb zunächst einmal nichts gemein mit der auf visueller Konstanz gründenden Schrift der Erwachsenen, und deshalb kann, völlig unabhängig von kognitiven Reifeaspekten etc., das kindliche „Sprachmodell" nicht dem des Erwachsenen entsprechen.

---

18   Die breiten Wortzwischenräume sollen Sprechpausen andeuten. In jedem Seminar gibt es nach dieser (mündlichen) Demonstration mindestens einen Studenten, der zu bedenken gibt, dass es da doch Pausen geben müsse, sie seien vielleicht nur so kurz, dass man sie nicht bewusst wahrnehmen könne. Diese Vermutung ist nachweisbar unzutreffend.

Beim Schriftspracherwerb muss das Kind lernen, sich im kontinuierlichen Sprachsignal vergehende Abschnitte als Folge hierarchisch organisierter Segmente vorzustellen, um die visuellen Konfigurationen von Schriftzeichen auf dem Papier mit einer lautlichen Repräsentation in Zusammenhang zu bringen. Es muss, um mit David Olson zu sprechen, am Beispiel der Schrift ein Modell der Lautsprache aufbauen. Olson hat seine Gedanken anhand der Schriftgeschichte entwickelt; dies kann hier nicht im Einzelnen nachgezeichnet werden.[19] Seine Grundidee aber ist immer die gleiche - durch die Um- oder gar Fehldeutung einer vorliegenden Schreibung wird eine neue Entwicklungsstufe erreicht, die Schrift bereichert: Die Akkader deuten die sumerischen Wortzeichen silbisch und „sehen" so zum ersten Male Silben; die Griechen deuten die semitischen Schriftzeichen für einen Konsonanten plus beliebigem Vokal als Konsonantenzeichen und „sehen" so zum ersten Mal Phoneme - und was sie da als erste sehen, das „hören" sie dann auch.

Etwas Ähnliches, denke ich, geschieht, wenn das Kind Lesen und Schreiben lernt. Es hat nie Phoneme gehört, nur im Sprachsignal kontinuierliche Übergänge von vokalischen Perioden zu Geräuschanteilen und umgekehrt. Wenn es nun Buchstaben und Wörter sieht, kann es langsam eine Vorstellung diskreter Abschnitte im Sprachsignal entwickeln: Die Elemente auf dem Papier sind diskret, und sie müssen irgendwie den Veränderungen im Lautsignal zugeordnet werden. Es ist deshalb kein Zufall, dass das phonographische (in den Modellen meist alphabetisch genannte) Lesen ein unverzichtbares Durchgangsstadium des Leselernprozesses darstellt. Das Kind produziert auf der Basis einer vorliegenden Buchstabenkette laut ein Sprachsignal, hört es sich an und sucht in seinem Gedächtnis nach etwas Kompatiblem. Ähnlich lässt sich für die übrigen oben angesprochenen Bereiche argumentieren. Weil Wörter in der gesprochenen Sprache nicht akustisch einzeln markiert werden, schreibt das Kind zunächst keine Wortzwischenräume; es markiert keine Satzanfänge und Substantive, weil es auch die nicht „hört". Schreiben wird erworben, indem nicht Hörbares beim Lesen gesehen und dann beim Schreiben wiedergegeben wird.

Vielfach ist in diesem Zusammenhang das Verhältnis genau umgekehrt gesehen worden. Unter dem Stichwort *phonological awareness* („phonologische Bewusstheit") wurde (in Einklang mit der These von der Priorität der Lautsprache) erklärt, dass das Kind erst den akustischen Lautstrom zergliedern können müsse, um dann, mit dieser Kenntnis, das Prinzip der Alphabetschrift begreifen zu lernen. David Olson stellt das wie andere Autoren[20] in Frage und dreht die Position um: Phonologische Bewusstheit *entsteht* durch

---

19 Olson (1994, 1997); vgl. dazu auch Günther (1995).

20 Olson 1997; eine knappe Zusammenfassung des Problems bei Scheerer-Neumann (1996a, 1158f).

die Beschäftigung mit Schrift. Diese Beschäftigung setzt nicht notwendig erst mit dem Schulanfang ein, beginnt in westlichen Industriegesellschaften bei Mittelschichtkindern durchaus früher. Phonologische Bewusstheit ist im wesentlich metasprachlicher Natur; metasprachliche Fähigkeiten aber entwickeln sich in Auseinandersetzung mit und dem Benutzen von Schrift. Ähnlich muss das Kind nicht erst definieren können, was ein Satz ist, um Sätze durch Großschreibung und Punkt zu markieren, oder wissen, was ein Substantiv ist, um die satzinterne Großschreibung im Deutschen lernen zu können.

4 Das Paradoxon des Schriftspracherwerbs

Die gegenständliche Natur des schriftlichen Sprachsignals prädestiniert es als Auslöser und Träger metasprachlicher Prozesse, wie schon Wygotsky erkannte.[21] Ein zentraler Aspekt metasprachlicher Prozesse ist die Trennung von Sprachform und Bedeutung. Die Schriftzeichenfolge ist ein Ausdruck, der sich ebenso wie die entsprechende Lautfolge auf eine Bedeutung bezieht. Das Verständnis für den (durchaus komplexen) Zusammenhang von Lautfolgen und Schriftzeichenfolgen beruht auf der Möglichkeit, zwischen Form und Bedeutung zu unterscheiden. Emilia Ferreiro berichtet über Untersuchungen mit mexikanischen Vorschulkindern, denen gezeigt wurde, dass die fünf Buchstaben gallo zusammen 'Hahn' bedeuten. Auf die Frage, ob man nun mehr Buchstaben brauche, um gallina 'Henne' zu schreiben, war die Antwort „weniger, weil eine Henne kleiner ist". Ähnlich halten deutsche Vorschulkinder das Wort Kuh für länger als das Wort Schmetterling. Olson berichtet über englischsprechende Vorschulkinder, denen die Wortfolge three little pigs gezeigt und erklärt wird. Deckt der Erwachsene das Wort three ab und fragt, was nun dasteht, so lautet die Antwort „two little pigs". Wort und Bedeutung bzw. Gegenstand sind noch eine Einheit, die Trennung von Form und Bedeutung noch unbekannt. Dies bezieht sich auch auf Satz- und Textebene: In einer anderen Aufgabe müssen die Kinder unterscheiden, ob eine Äußerung wörtlich wiederholt wird oder nur sinngemäß - sie scheitern bis zur Schulzeit an ersterer Aufgabe.[22]

Nun scheint freilich die Fähigkeit, Form und Bedeutung analytisch zu trennen, gleichzeitig Ergebnis wie Vorbedingung erfolgreichen Schriftspracherwerbs zu sein. Als entscheidender Aspekt des Übergangs von der semantischen zur phonographischen Phase im Schriftspracherwerb wurde oben der Aufbau mentaler Repräsentationen angesehen, in denen Lautform und Bedeutung getrennt sind. In diesem Übergang muss es dabei

---

21 Damit ist natürlich nicht impliziert, dass es Metasprachlichkeit ohne Schriftlichkeit grundsätzlich nicht geben könne, vgl. Raible (1994).

22 Vgl. Ferreiro (1997); Olson (1997).

zunächst gar nicht um die Zuordnung von einzelnen Buchstaben und Lauten gehen. Vieles spricht dafür, dass die zentrale Organisationsebene des deutschen Schriftsystems die (Schreib-)Silbe ist - eine Ebene, die nun gerade keine direkte schriftliche Kennzeichnung erfährt wie das Wort (Spatium) oder der Buchstabe (diskrete Einheit). Unterrichtliche Erfahrungen zeigen, dass der Zugang zum alphabetischen Prinzip über die Silbe erfolgreich ist.[23] In jedem Falle sind die zu erlernenden Strukturmerkmale der Schrift nicht direkt aus der Lautsprache übertragbar - die Sprechsilbe unterscheidet sich von der Schreibsilbe, ein Laut entspricht nicht genau einem Buchstaben, usw.

Der paradoxe Befund, der sich ergibt, ist der folgende: Zum einen verfügt das Kind über eine intakte mündliche Sprache. Deren Strukturen stehen dem Kind aber nicht in bewusster Weise zur Verfügung. Zum anderen sind die Zielstrukturen der schriftlichen Sprache zwar andere als diejenigen, über die das Kind mündlich verfügt, mit diesen jedoch systematisch korreliert;[24] um diese Zielstrukturen aber begreifen zu können, muss das Kind sich die eigenen Quellstrukturen, d.h. die lautsprachlichen, bewusst machen - genau dies geschieht über das Modell, das die Schrift bietet. Diese Modell kann nicht einfach abstrakt gelehrt werden; es bedarf der ständigen Aneignung durch Übung: Weil diese Strukturen nur in der Schrift sichtbar sind, lernt man Lesen und Schreiben nur durch Lesen und Schreiben. Vermutlich liegt in dieser Erkenntnis der eigentliche Grund für die Erfolge des Lehrgangs *Lesen durch Schreiben* von Jürgen Reichen, der ungeachtet seiner teilweise haarsträubenden methodischen Mängel derzeit in unseren Schulen Furore macht: Wo Kinder von Beginn an voll mit schriftlicher Sprache hantieren, sind die Chancen für eine rasche Aneignung überall da gut, wo die notwendigen Voraussetzungen bestehen.

---

23 Vgl. zur silbischen Struktur der deutschen Orthographie Eisenberg (1995, 1998), zur didaktischen Perspektive Röber-Siekmeyer (1997).

24 Maas (1992, 42f) spricht von der „Fundierung" der Orthographie in der lautsprachlichen Struktur. Daran ändern auch Merkwürdigkeiten der rezenten sog. Orthographiereform nichts, wie sich denn generell am Schriftspracherwerbsprozess in der neuen Orthographie nichts ändert.

5 Literatur

Aitchison, Jean. 1997. *Wörter im Kopf - Eine Einführung in das mentale Lexikon*. Tübingen: Niemeyer (engl. Original²1994).

Andresen, Helga. 1985. *Schriftspracherwerb und die Entstehung von Sprachbewusstheit*. Opladen: Westdeutscher Verlag.

Eisenberg, Peter. 1995. *Der Buchstabe und die Schriftstruktur des Wortes*. In: Der große Duden Bd. 4 - Die Grammatik. 5. Aufl. Mannheim: Bibliographisches Institut, 56-84.

Ferreiro, Emilia. 1997. *The Word Out of (Conceptual) Context*. In: C. Pontecorvo, 47-59.

Frith, Uta. 1985. *Beneath the surface of developmental dyslexia*. In: Patterson, K.E.; Marshal, J.C. & Coltheart, M. (Hrg.), Surface dyslexia. Neuropsychological and cognitive studies of phonological reading. London: LEA, 301-330.

Günther, Hartmut. 1988. *Schriftliche Sprache. Strukturen geschriebener Wörter und ihre Verarbeitung beim Lesen*. Tübingen: Niemeyer.

Günther, Hartmut. 1995. *Die Schrift als Modell der Lautsprache*. Osna-brücker Beiträge zur Sprachtheorie 51, 15-32.

Günther, Hartmut. 1997. *Aspects of a history of written language processing in the Middle Ages*. In: C. Pontecorvo (Hrg.), 129-147.

Günther, Hartmut. 1998a. *Die Sprache des Kindes und die Schrift der Erwachsenen*. In: L. Huber et al. (Hrg.), Schriftspracherwerb. Braunschweig: Westermann, 21-30.

Günther, Hartmut. 1998b. *Phonographisches Lesen als Kernproblem der Dyslexie*. In: R. Weingarten & H. Günther (Hrg.), Schriftspracherwerb. Hohengehren: Schneider, 98-115.

Günther, Hartmut; Ludwig, Otto et al. (Hrg.). 1994/1996. *Schrift und Schriftlichkeit - Ein interdisziplinäres Handbuch internationaler Forschung*. 2 Bände. Berlin: de Gruyter.

Günther, Hartmut & Pompino-Marschall, Bernd. 1996. *Basale Aspekte der Produktion und Perzeption mündlicher und schriftlicher Äußerungen*. In: Günther, Ludwig et al. (Bd. 2), 903-917.

Günther, Klaus-B. 1986. *Ein Stufenmodell der Entwicklung kindlicher Lese- und Schreibstrategien*. In: H. Brügelmann (Hrg.), ABC und Schriftsprache - Rätsel für Kinder, Lehrer und Forscher. Konstanz: Faude, 32-54.

Ludwig, Otto. 1996. *Vom diktierenden zum schreibenden Autor*. In: H. Feilke & P.R. Portmann (Hrg.), Schreiben im Umbruch. Schreibforschung und schulisches Schreiben. Stuttgart: Klett, 8-28.

Maas, Utz. 1992. *Grundzüge der deutschen Orthographie*. Tübingen: Niemeyer.

MGG. 1995. *Notation*. Musik in Geschichte und Gegenwart. Kassel. Bärenreiter.

Olson, David. 1994. *The world on Paper*. Oxford: Blackwell.

Olson, David. 1997. *On the relations between speech and writing*. In: C. Pontecorvo (Hrg.), 3-20.

Pontecorvo, Clotilde (Hrg.). 1997. *Writing Development - An Interdisciplinary View*. Amsterdam: Benjamins.

Raible, W. 1994. *Orality and literacy*. In: Günther, Ludwig et al. (Bd. 1), 1-17.

Röber-Siekmeyer, Christa. 1997. *Die Schriftsprache entdecken - Rechtschreiblernen im offenen Unterricht*. Weinheim: Beltz (3. Auflage).

Saenger, Paul. 1982. *Silent reading: Its impact on late medieval script and thought*. Viator 13, 367-414.

Scheerer-Neumann, Gerheid. 1996. *Der Erwerb der basalen Lese- und Schreibfertigkeiten*. In: Günther, Ludwig et al. (Bd. 2), 1153-1169.

Scheerer-Neumann, Gerheid. 1997. *Was lernen Kinder beim Schriftspracherwerb außer Lesen und Schreiben?* In: Balhorn, H. & Niemann, H. (Hrg.), Sprachen werden Schrift - Mündlichkeit, Schriftlichkeit, Mehrsprachigkeit. Jahrbuch der Deutschen Gesellschaft für Lesen und Schreiben (DGLS) 7. Konstanz: Libelle, 86-93.

Strategiebasiertes Rechtschreiblernen

Für Gerhard Augst

1 Sprachwissenschaft und Sprachdidaktik

Bei der Modellierung von Lehr- und Unterrichtsprozessen sind drei Aspekte zu berücksichtigen: Aneignung, Unterweisung und Gegenstand. Die noch immer in der Gesellschaft, aber auch bei manchem Lehrer und mancher Lehrerin vorherrschende Vorstellung geht von einem einfachen Zusammenhang der drei Komponenten aus: Die Unterweisung erfolge durch Implantation von Wissen über den Gegenstand, woraus sich die angestrebte Kompetenz ergebe. Es geht, in einer solchen Vorstellung, nur darum, dass dazu ausgebildete Fachkräfte das zu erwerbende Wissen in die Köpfe der Kinder transportieren. Neuere Ansätze haben gegen diese Vorstellung vor allem geltend gemacht, dass der Lernende nicht passiv ist – deshalb wird hier gern von Aneignung statt von Lernen gesprochen. Wichtiger noch ist die Erkenntnis, dass die drei Dimensionen miteinander interagieren: Tempo und Qualität der Aneignung werden u.a. bestimmt durch die Motivation der Lernenden, durch die Disposition der Lehrenden, durch die Gegebenheiten des Lernstoffes. Unterweisungen müssen unterschiedliche Strukturen und Settings für unterschiedliche Gegenstände haben, müssen an die jeweilige Klientel gerichtet sein. Bestimmte Lerngegenstände können von jedermann an jedermann, andere nur von Spezialisten an spezielle Lerner vermittelt werden, usw. Das ist in gleicher Weise essentiell, wie es in solcher Allgemeinheit trivial scheinen könnte. Eine globale Darstellung der Verhältnisse findet sich in Abbildung (1), vgl. ausführlicher Günther 2006.

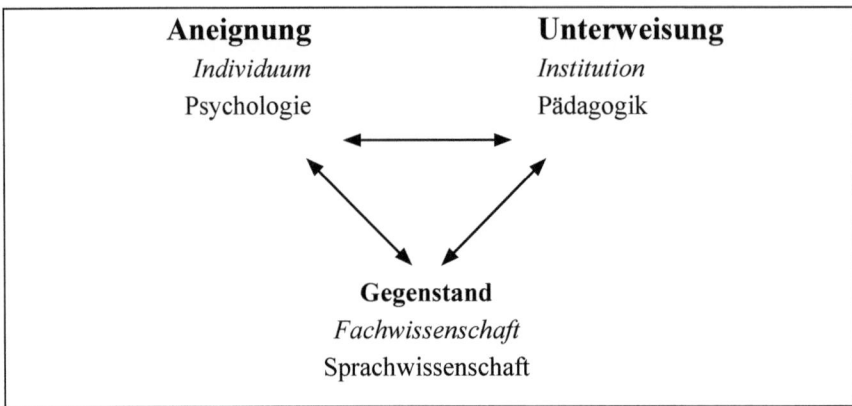

Abbildung 1: Das Verhältnis von Sprachwissenschaft, sprachlicher Aneignung und Sprachdidaktik

Der Aneignungsprozess erfolgt durch das Individuum; Gegenstände werden wird durch die Fachwissenschaft analysiert und in Institutionen (in der Regel in der Schule) vermittelt. Genauer: Wissen über Personen und Individuen vermittelt die Psychologie. Die Struktur institutioneller Unterweisung ist die Domäne der Pädagogik. Die Sprachwissenschaft stellt die Analyse des Sprachsystems zur Verfügung. Zentral dabei ist die Interaktion der Komponenten. Alle Pfeile in Abbildung (1) weisen in zwei Richtungen: Aneignungsprozesse sind von Vermittlungsprozessen beeinflusst, Vermittlungsprozesse von der Struktur des Gegenstandes, etc.

Dies lässt sich exemplifizieren am Rechtschreiberwerb als Teil des Schriftspracherwerbs. Er erfolgt grundsätzlich institutionell, ist aber ohne individuelle Aneignungsprozesse nicht möglich. Sein Verlauf wird durch die Sprach- und Schriftstruktur determiniert, aber umgekehrt verändert der immer neue Erwerb der Sprache auch die Sprache selbst. Der Prozess des Rechtschreiblernens muss also in Abhängigkeit von allen drei Faktoren modelliert werden, die resultierende Rechtschreibkompetenz ist eine Funktion (mindestens) all dieser Faktoren (Abbildung 2).

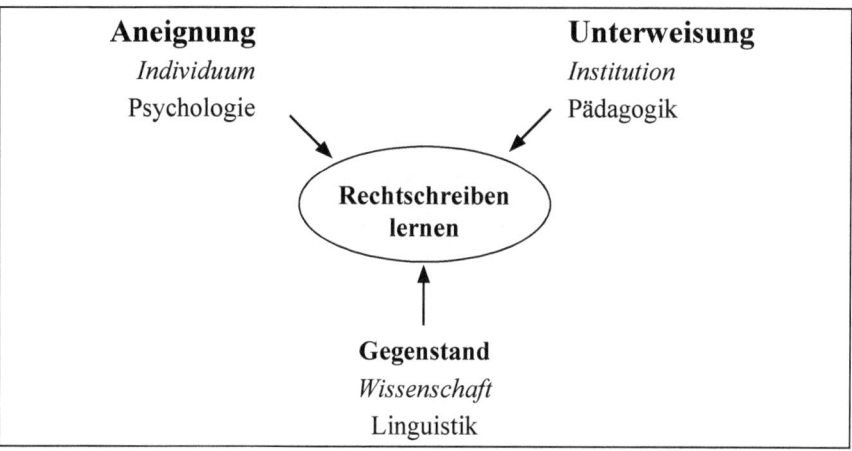

Abbildung 2: Faktoren beim Erwerb der Rechtschreibung

2 Gegenstand: Die Wortschreibung im Deutschen

Die Wortschreibung im Deutschen ist im Wesentlichen durch folgende Prinzipien bestimmt:[25]

1. Phonographische Schreibung: *rot, Bremse, Abrakadabra*
2. Silbische Schreibung: *Hütte, Fessel, rohe ...*
3. Morphematische Schreibung: *Hund, Bälle, gefährlich ...*
4. Merkwortschreibung: *Vogel, Boot, hohl ...*

Basis der deutschen Orthographie ist das alphabetische Prinzip, d.h. die phonographische Schreibung: Wir schreiben die Laute, die wir hören, und wir können das verlauten, was wir sehen. *Rot, Bremse* – das ist wie *Abrakadabra* oder *Hokuspokus* keine Zauberei, die Beziehung zwischen den Lauten und den Buchstaben ist eindeutig, und das ist der Basisfall – man kann im Deutschen niemandem ein X für ein U vormachen.

---

25 Die Darstellung beschränkt sich auf die schriftliche Wortstruktur im engeren Sinne, d.h. Fragen der Getrennt-/Zusammenschreibung oder der satzinternen Großschreibung werden nicht behandelt. Eine klare Darstellung der Prinzipien der Wortschreibung im Deutschen gibt Eisenberg 2005. Die in der Darstellung behandelten Basisfakten dürften in der linguistischen Forschung unstrittig sein.

Erst in den letzten Jahren wirklich verstanden hat man den silbischen Anteil der deutschen Schreibung, der deshalb etwas ausführlicher behandelt werden soll. Vielleicht das Hauptproblem des deutschen Schriftsystems ist der Umstand, dass für die 16 betonbaren Vokale des Deutschen nur 8 Buchstaben zur Verfügung stehen (vgl. Abbildung 3).

/a/	/amən/	*Ammen*		/a:/	/a:mən/	*Amen*
/ɛ/	/bɛtən/	*Betten*		/e:/	/be:tən/	*beten*
/i/	/inən/	*innen*		/i:/	/i:nən/	*ihnen*
/o/	/ofən/	*offen*		/o:/	/o:fən/	*Ofen*
/u/	/špukən/	*spucken*		/u:/	/špu:kən/	*spuken*
/ɛ/	/kɛmə/	*Kämme*		/ɛ:/	/kɛ:mə/	*käme*
/ø/	/fløsə/	*flösse*		/ø:/	/flø:sə/	*Flöße*
/y/	/hytə/	*Hütte*		/y:/	/hy:tə/	*Hüte*

Abbildung 3: Die betonten Vokale im Deutschen und ihre Schreibung

In der herkömmlichen Redeweise spricht man von langem und kurzem *a, u* usw.[26] und davon, dass der Kurzvokal durch nachfolgende Doppelkonsonanz gekennzeichnet wäre, der Langvokal durch Verdopplung oder die Einführung des Buchstabens *h*. Man kommt der Sache näher auf der Basis des prototypischen Zweisilbers im Deutschen, in dem auf eine betonte Silbe eine unbetonte folgt wie in allen Beispielen der Tabelle. Seit Opitz (1624) ist bekannt, dass der deutsche Vers auf diesem Wechsel betonter und unbetonter Silbe beruht, und dies liegt daran, dass die Phonologie des Deutschen auf diesem Grundmuster aufbaut (Eisenberg 2004). Im trochäischen Zweisilber (Muster betonte-unbetonte Silbe wie *Fenster, Garten, immer, bauen*) gibt es eine grundlegende Regularität: Wenn dem Vokal der betonten Silbe zwei oder mehr Konsonanten folgen, dann ist der Vokal immer kurz (*Kante, Pfosten, gelten*). Folgt kein Konsonant, sondern direkt ein Vokal, so ist der Vokal lang (*säen, knien, bauen*). Zwei Konsonanten sind sozusagen das sprachliche Signal für die Vokalquantität „kurz" im Lautlichen. Wenn zwischen den Silben aber nur ein Konsonant zu hören ist wie in den Beispielen von Abbildung (3), haben wir zwei Silbifizierungen: *A-men*, wo die erste Silbe auf Vokal endet und die zweite mit dem Konsonanten beginnt, und *Am-men*, wo dieser eine Konsonant gleichzeitig die erste Silbe schließt und die zweite öffnet. Genau das wird in der deutschen Orthgraphie übernommen: Die Konsonantenverdopplung im Zweisilber mit der Struktur betont-unbetont bildet richtiggehend ikonisch das Silbengelenk ab. Und deshalb schreiben wir bei *Amen* vs. *Ammen* einmal ein (Silben *A-men*) und einmal zwei *m* (Silben *Am-men*).

---

26 Diese Kennzeichnung ist bekanntlich unzutreffend. Da die Rede von kurzen und langen Vokalen aber eingeführt ist, soll sie auch hier verwendet werden (s.u.).

Fast ausnahmslos funktioniert auch die andere silbische Schreibung, das silbentrennende *h*: Wenn zwischen den beiden Silben kein Konsonant zu hören ist, wird in der Schreibung ein *h* eingeschoben.

Das dritte Prinzip ist die morphematische Schreibung: Wir schreiben *Hund* mit *d*, auch wenn wir ein *t* hören, weil wir *Hunde* phonographisch mit *d* schreiben müssen (da hören wir das *d*) und den Bedeutungsträger, das Wort, schriftlich intakt lassen wollen. Dies wird in der Literatur als Morphem- oder Schemakonstanz bezeichnet. Alles, was auf morphologische Weise vom phonographischen Prinzip abweicht, ist funktional für den Leser. Bei *Bälle* ist die Rechtschreibung der Lautung deutlich überlegen, denn wenn *Hunde mit Bällen bellen*, dann hat man beim Hören schon so seine Schwierigkeiten – beim Lesen nicht. Das Wort *gefährlich* ist noch eindrucksvoller – sowohl das *ä* als auch das *h* signalisieren, welches Wort gemeint ist, womit es zusammenhängt (das Wort kann im Deutschen ja nicht, z.B., so geschrieben: *geveerlig*).

Merkwortschreibung: Vieles, aber nicht alles ist in der deutschen Rechtschreibung auf diese Weise aus Prinzipien ableitbar. Drei Beispiele: Normalerweise schreiben wir für den stimmlosen labiodentalen Frikativ ein *f*, aber in einer Handvoll von Morphemen wie *Vogel, Vieh* oder *ver-* schreiben wir ein *v*. Welche das sind, dafür gibt es keine Regel (obgleich es durchaus historische Gründe dafür gibt), das muss man lernen. Das Gleiche gilt für die gut circa 40 Wortstämme des Deutschen, in denen ein Vokal doppelt geschrieben wird wie in *Boot, Haar, Klee* usw. Auch das Dehnungs-*h* in *hohl* ist nur bedingt regulär, vgl. das Verb *holen*. In diesem Falle gibt es allerdings die Subregularität, dass dieses *h* nur *vor l, m, n* und *r* im Stamm auftritt, und das wieder eher bei schmalem Anfangsrand als bei breitem – im Einzelfall ist aber nicht vorhersagbar, ob ein Dehnungs-*h* geschrieben werden muss oder nicht.

Festzuhalten ist, dass es in der Wortschreibung des Deutschen drei basale Prinzipien gibt (phonographische, silbische und morphologische Schreibung), die den überwiegenden Anteil der Schreibung erklären. Eine adäquate Rechtschreibdidaktik muss diese Prinzipien in den Mittelpunkt stellen und deutlich vom Rest, den Merkwörtern, abheben. Das ist der Sache angemessen: In diesem Absatz etwa muss nur für die Schreibungen *dass, Didaktik, Prinzip* auf das Prinzip der Merkwortschreibung zurückgegriffen werden.

3   Aneignung:
Struktur des Schriftspracherwerbs

Das Modell des basalen Schriftspracherwerbs von Uta Frith (1985), ursprünglich als Diagnostikwerkzeug für Dyslexien konzipiert, ist das Vorbild für viele Adaptationen geworden (vgl. K.-B. Günther 1986, Günther 2002; Becker 2008). Quasi im Geiste piagetscher Entwicklungsstufen beschreibt das Modell den kindlichen Aneignungsvorgang beim Schriftspracherwerb unabhängig von jeglichem Bezug auf Instruktionsweisen wie auch auf den zu erwerbenden Gegenstand. Kern des Modells ist die Dreistufigkeit des Aneignungsprozesses:[27]

> 1. semantische Strategie (logographische Phase)
> 2. phonographische Strategie (alphabetische Phase)
> 3. grammatische Strategie (orthographische Phase)

Das Modell nimmt zuerst eine auf dem Bedeutungsaspekt gründende Strategie des Kindes an: Das Kind entdeckt, dass Schriftzeichen Bedeutung tragen (semantische Strategie). Auf dieser Stufe gibt es noch keine strukturelle, formale Analyse des Schriftbildes. Der Bezug auf die Lautseite der eigenen Sprache (phonographische Strategie) ist die zentrale Entdeckung beim Schriftspracherwerb und gleichsam dessen Flaschenhals. Dem Kind muss klar werden, dass die Bedeutung der Schriftzeichen eine andere, indirekte ist im Gegensatz zu Bildern und Symbolen: Das Schriftzeichen symbolisiert primär ein Wort, eine sprachliche Einheit, eine Form und nur mittelbar eine Bedeutung. Das muss übrigens auch das chinesische Kind lernen: auch das chinesische Schriftzeichen symbolisiert das gemeinte Wort, nicht seine Bedeutung. Genau darin liegt die Bedeutung der sog. phonologischen Bewusstheit für die Risikoeinschätzung des Schriftspracherwerbs: In dem Maße, in dem das Kind schon vor Schuleintritt Sprache bzw. sprachliche Form als solche zum Gegenstand machen kann, kann es auch die Aufgabe besser lösen, lesen und schreiben zu lernen. Die oben skizzierte Struktur des deutschen Schriftsystems erfordert aber eine Überwindung des rein phonographischen Lesens und Schreibens; ganz im Gegenteil lässt sich argumentieren, dass ein zentrales Merkmal von Leserechtschreibschwäche darin besteht, dass sich das Kind nicht von der phonographischen Strategie lösen kann (Günther 1998). In der grammatischen Strategie wird das Geschriebene als bedeutungstragende Form verarbeitet; das Kind erkennt, dass auf dem Papier viel mehr gesehen werden kann als nur eine (natürlich auch) symbolisierte

---

27 Die von Frith (1985) angenommene Interaktion von Lese- und Schreiblernen ist eigentlich nur von K.-B. Günther (1986) aufgenommen worden. Die Kurzdarstellung im Text folgt auch terminologisch Günther (2000, abgedruckt in diesem Band), die ursprünglichen Termini von Frith habe ich in Klammern gesetzt.

Lautfolge und dass es diese Strukturmerkmale selbst auf das Papier bringen muss, also Morpheme konstant schreiben, Wortzwischenräume setzen usw.

4 Unterweisung: Rechtschreibdidaktik

Wenn wir uns das Verhältnis von Gegenstand, Aneignung und Unterweisung ins Gedächtnis zurückrufen, lässt sich die Aufgabe für die Modellierung der fachlichen Unterweisung wie in Abbildung 4 darstellen.

Es kommt darauf an, den Gegenstand entsprechend der Aneignungsstruktur zu modellieren und die Aneignung durch Erhellung der Gegenstandstruktur zu unterstützen. Die didaktischen Maßnahmen, die Abfolge der Schritte usw. müssen dem Aneignungsweg des Kindes in gleicher Weise gerecht werden wie den Strukturen des Gegenstandes (sowie natürlich, worauf hier nicht weiter eingegangen wird, grundsätzlichen Anforderungen an institutionell organisierte Pädagogik). Priorität hat dabei der Aneignungsvorgang; aber auch der Gegenstand als solcher beeinflusst die Aneignungsweise;[28] die oben beschriebenen Strategien der Aneignung sind nicht quasi natürlich, sondern auch durch die Struktur des anzueignenden Gegenstandes „Schrift" bedingt.

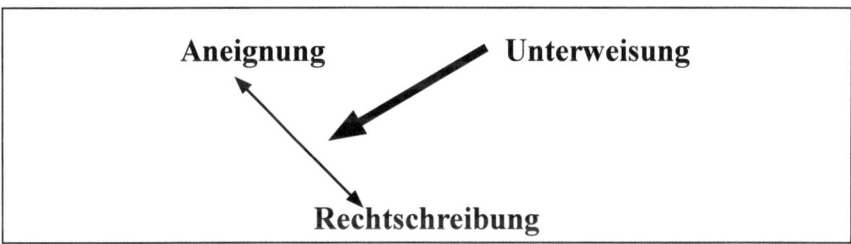

Abbildung 4: Rechtschreibunterweisung

Ich möchte das im Folgenden verdeutlichen am Beispiel von mir herausgegebener Lehrwerke für die Grundschule.[29] Es wird angenommen, dass Rechtschreiblernen durch sechs Strategien strukturiert werden kann:[30]

---

28 Nicht aber notwendig seine Modellierung durch die Fachwissenschaft

29 Die einzelnen Titel finden sich im Literaturverzeichnis. Alle Werke sind erschienen beim Duden-Paetec Schulbuchverlag, früher Frankfurt, jetzt Mannheim.

30 Die siebte Strategie „Großschreibung" steht außerhalb der hier diskutierten Prinzipien der Wortschreibung und wird deshalb in diesem Aufsatz nicht weiter diskutiert.

1. Phonographische Strategien:
Genau hören, Verlängern, Silben
2. Morphematische Strategien:
Wortfamilien/Verwandte, Wortbausteine
3. Merkwortstrategie

Alle mir bekannten Modellierungen des Aneignungsprozesses der Alphabetschrift gehen davon aus, dass die Stufe phonographischen Lesens und Schreibens unverzichtbar ist. Wenn dem so ist, dann muss jede Unterweisung an dieser Stufe ansetzen. Dementsprechend ist es wenig sinnvoll, funktionale Erweiterungen oder damit nicht kongruente Prinzipien zu thematisieren, bevor das phonographische Prinzip nicht in seinen Grundzügen beherrscht ist.

In Sonderheit werden in der hier vorgeschlagenen Rechtschreibdidaktik morphologische Schreibungen über den phonographischen Weg eingeführt. Das Verlängern wird anhand der Auslautverhärtung eingeführt, die in jeder linguistischen Einführungsvorlesung das klassische Beispiel für das morphologische Prinzip ist, die aber in der hier vorgestellten Rechtschreibdidaktik an die phonographische Strategie anknüpft. Denn das Morphem ist auf der Basis der Phonographie nicht erfahrbar, da es mit phonologischen Einheiten, insbesondere der Silbe, nicht übereinstimmt.

Dem entspricht die Logik des Aufbaus des hier vorgestellten strategiebasierten Rechtschreibunterrichts: Auf die Festigung der Fähigkeit phonographischen Schreibens (einschließlich der Schreibung von Diphthongen und konsonantischen Mehrgraphen wie *sch* oder *qu*) folgt die sukzessive Er-Hörung der Abweichungen vom phonographischen Prinzip. Warum man *Hund* mit einem *d* am Ende schreibt, kann man durch eine Operation hören; das geht auch, wiewohl der Weg etwas komplexer ist, bei der Schärfungsschreibung, eventuell sogar auch noch beim silbentrennenden *h* (dazu s.u. 5.6). Erst wenn auf diese Weise dem Kind deutlich geworden ist, dass es Schreibungen gibt, die man nicht (wenn nötig auf Umwegen) er-hören kann, kann die Einsicht in andere Zusammenhänge reifen.

Aus diesem Grund wird in den genannten Lehrwerken die Morphologie erst ab der dritten Klasse in rechtschreiblichen Zusammenhängen thematisiert. In seinen „morphologiedidaktischen Sondierungen" hat Risel (2006) nach Zusammenfassung der Forschungslage eine stärkere Berücksichtigung morphologischer Strukturen angemahnt. Unklar bleibt dabei aber, zu welchem Zeitpunkt diese erfolgen soll. Denn ein zentrales Problem der Erfahrung von Morphemen für Kinder besteht darin, dass sich diese strukturelle Einheit der lautsprachlichen Erfahrung und „Hörbarkeit" entzieht. Dafür gibt es natürlich Gründe. In der klassischen Anleitung zur Morphemanalyse muss Nida (1948) fünf Sonderfälle thematisieren, die die scheinbar so einfache Analyse in „kleinste bedeutungstragende Einheiten" erschwert: phonologische Alternation (*Macht - mächtig*), Suppletion (*gut - besser*), Nullmorphem (*mächtig-0 - mächtig-e*), Homonymie *(Schloss)*, Himbeermorpheme, d.h. Morpheme ohne angebbare Bedeutung (*Him-beere*). Hinzu kommt das Phänomen der Lexikalisierung: Ohne Zweifel besteht z.B. *Augenblick* aus den Morphemen *Auge* und *Blick*, aber beide Bestandteile haben in der Kombination ihre (Grund-)Bedeutung verloren.

Diese komplexe Situation spiegelt sich in der Schwierigkeit der Aufgabenkonstruktion: In keinem anderen Bereich hatten die Autorinnen der in Fußnote 29 genannten Lehrwerke solche Probleme wie da, wo es darum ging, Material zu ersinnen, in dem die morphologische Struktur als solche allein sichtbar war und nicht durch andere Einflüsse verunklart wurde. Das ist praktizierenden Lehrerinnen und Hochschuldozenten ein bekanntes Phänomen. Behandelt man etwa das Suffix *–bar* und seine Produktivität mit Hilfe der Formel *etwas ist x-bar = etwas kann ge-ix-t werden*, tauchen nach kürzester Zeit *wunderbar, furchtbar* und *sonderbar* im Unterrichtsgespräch auf, die gerade nicht „passen". Damit die Prinzipien der Wortfamilie und der Wortbausteine fruchtbar werden können, muss klar geworden sein, dass auch der Wortbaustein eine reine Formangelegenheit ist, die nichts mit Bedeutung zu tun hat.[31] Das Verständnis des Zusammenhangs von Rechtschreibung und Morphologie, d.h. der Schreibung von Wortbausteinen, kann sich erst einstellen, wenn sich mit der grammatischen Strategie das Verständnis herausgebildet hat, dass Schreibungen ausschließlich formorientiert sind.

Dieses Verständnis kann angebahnt werden dadurch, dass die den Kindern beim Textlesen ohnehin schon zugängliche Erfahrung auch expliziert wird, dass es Wörter gibt, deren Schreibung man nicht vollständig ableiten kann. Diesen Punkt frühzeitig anzusprechen hilft, der falschen Erwartung vorzubeugen, dass sich alle Details der Rechtschreibung durch sprachliche Operationen ableiten lassen.

5 Strategien der Wortschreibung

Im Folgenden sollen die sechs Strategien etwas genauer vorgestellt werden. Ich benutze dabei die Formulierung, die in den Duden-Lehrwerken in den Merksätzen gewählt wurde. Die Reihenfolge folgt der oben genannten Logik. Die Strategie *Merkwörter*

---

31 Diese den klassischen Strukturalisten selbstverständliche Tatsache ist auch manchem Verfasser einer Einführung in die Sprachwissenschaft nicht klar geworden. Dass Morpheme Bedeutung tragende Einheiten sind sagt nicht, dass Morpheme Bedeutungen sind. Deshalb kann man ja sagen, dass das Wort *Augenblick* aus den Morphemen *auge* und *blick* zusammengesetzt ist, was aber nicht bedeutet, dass die Bedeutung von *Augenblick* eine einfache Funktion der Bedeutung von *Auge* und *Blick* ist.

wird entsprechend der obigen Überlegungen schon sehr früh eingeführt (Vogel-*v*, Doppelvokalen), allerdings wird immer deutlich gemacht, dass es sich um Sonderfälle handelt, keine Regeln.

In den genannten Lehrwerken werden für die einzelnen Rechtschreibstrategien die sog. Dudenkarten verwendet. Sie benennen diejenigen Strategien, die Kinder benötigen, um Wörter richtig schreiben zu können, bei denen phonographisches Schreiben nicht ausreicht. Sie zeigen auf der Vorderseite ein Symbol für die Strategie und auf der Rückseite den Merksatz.[32]

5.1 Strategie Genau hören[33]

> **Genau hören**: Bei vielen Wörtern musst du nur genau hinhören und jeden Laut schreiben, den du hörst: *Tomate, Drache*

Um orthographisch schreiben zu können, muss die phonographische Strategie vorausgesetzt bzw. umfassend dargestellt werden. Es ist wichtig, die Kinder immer wieder auf diesen Grundsatz aufmerksam zu machen, solange sie sich im Übergang zur grammatischen Strategie befinden. Deshalb sollte die Strategie *Genau hören* auch noch in der vierten Klasse nicht unterschlagen werden, da bei rechtschreibschwächeren Kindern dieser Prozess noch nicht abgeschlossen ist, sich in Einzelfällen sogar erst im Startstadium befindet. Denn der Aufbau der orthographischen Strategien sollte systematisch so erfolgen, dass ausgegangen wird von solchen Abweichungen vom phonographischen Prinzip, in denen durch die Anwendung der neuen Strategie die Basis der Abweichungen hörbar wird. Die wichtigste Strategie hier (und für die Wortschreibung generell) ist das Verlängern von Wörtern.

---

32 Zur Verwendung der Dudenkarten im Unterricht s.u. Zf. 6.

33 Für diese Basisstrategie wurde keine Dudenkarte vorgesehen, da diese Strategie als nach der ersten Klasse bekannt vorausgesetzt wird. Das Symbol des Ohres wird aber im Rechtschreiblehrgang Eselsbrücke benutzt, um Übungen zu lauttreuen Wörtern zu kennzeichnen.

5.2 Strategie Verlängern

> **Verlängern:** Bei vielen Wörtern findest du durch Verlängern heraus, wie sie geschrieben werden.
> - Bei Nomen bildest du zum Verlängern die Mehrzahl: *der Hund – die Hunde.*
> - Adjektive setzt du zum Verlängern vor ein Nomen: *gelb – eine gelbe Blume*
> - Bei Verben bildest du die *wir-* Form: *er fliegt – wir fliegen*

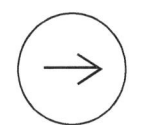

Die Schreibung einfacher deutscher Wörter ist orientiert an der prototypischen zweisilbigen Form mit der Abfolge „betont – unbetont" (Eisenberg 2004, 2005). Dementsprechend stellt das Verlängern von Wörtern die zentrale orthographische Technik beim Übergang von der phonographischen zur grammatischen Schreibung dar. Durch die Operation des Verlängerns – Bildung des Plurals bei Nomen, Bildung der Grundform beim Verb, Bildung der Steigerungsform bei Adjektiven (oder vor ein Nomen setzen) – können die Kinder selbst hören, warum sie etwas anderes schreiben müssen als das, was sie zunächst gehört hatten, warum also z.B. *Hund* mit *d* am Ende geschrieben wird, obwohl dort ein *t* hört. Zentraler Punkt hier ist die Operation: Das Kind kann das Wort, das es schreiben will, Laut für Laut abhören und Buchstabe für Buchstabe niederschreiben – es muss allerdings das Wort, das es schreiben will, aus dem Kontext lösen, die Operation „Verlängern" darauf anwenden, das Wort wieder in den Kontext zurücksetzen und dann dem Befund entsprechen schreiben. Das ist einerseits etwas durchaus Kompliziertes, andererseits baut es auf bereits vorhandenen Fähigkeiten auf. Die Visualisierung und Handhabbarkeit auf einer Karte unterstützt den Lernvorgang (s.u. Zf.6).

Dass schon in dieser ersten über die Phonographie hinausführenden Strategie grammatische Kenntnisse eine Rolle spielen, ist der Sache geschuldet: Rechtschreibung ist grammatisch basiert. Wesentlich ist aber, dass die grammatischen Begriffe erst bei der Umsetzung der Strategie ins Spiel kommen dürfen und auf dem Wege entdeckenden Lernens eingeführt werden müssen, also etwa so: *„Da ist ein Hund.* Wie klingt das Wort am Ende? *Da sind viele Hunde.* Wie klingt das jetzt? Was folgt daraus?" Die grammatische Exemplifizierung macht den alten Lehrerinnenspruch „Verlängere das Wort, dann hörst du den Laut sofort" erst wirklich konkret, das Kind weiß nicht nur, dass es verlängern muss, sondern auch, wie man das macht.[34]

5.3 Strategie Silbe

> **Silbe**: Nach kurzem Selbstlaut in der ersten Silbe musst du einen einzelnen Mitlaut verdoppeln, damit du wieder zwei hast: *Puppe, Spinne, fallen.*

Auch bei der Problematik der zwei Vokalreihen im Deutschen kann bei den phonographischen Fähigkeiten angesetzt werden. Kinder können die oben beschriebene Grundregularität hören: Wenn ein Vokal so klingt wie da, wo zwei verschiedene Konsonanten folgen, es ist aber nur einer zu hören, dann muss man den Konsonanten beim Schreiben verdoppeln, damit man wieder zwei hat. Dementsprechend wird in allen oben erwähnten Duden-Lehrwerken für die Grundschule in der gleichen Weise aufbauend vorgegangen. Zuerst wird der Unterschied zwischen den beiden unterschiedlichen Vokalreihen und dem unterschiedlichen Silbenschnitt an Beispielen wie *Dame/Tante*, *Blume/Pumpe* geübt. Die zentrale Erkenntnis bei diesem ersten Schritt ist es, dass zwei Konsonanten eine bestimmte Vokalqualität signalisieren, die dann als „kurz" bezeichnet wird. Auch wenn dies phonetischer Unfug ist und phonologisch durchaus fragwürdig, ist diese Terminologie so fest bei Lehrkräften und Eltern verankert, dass ein Verzicht darauf wenig zielführend wäre. Wichtig ist, dass nicht vorausgesetzt wird, dass Kinder das Hören von „kurzen" und „langen" Vokalen schon mitbringen, sondern dass die auf andere Weise erfahrene, selbst entdeckte Unterscheidung zweier Vokalqualitäten nun einen Namen bekommt: „kurz" bzw. „lang".

Die Erkenntnis, dass zwei verschiedene Folgekonsonanten Kürze signalisieren, wird dann im zweiten Schritt für die Schärfungsschreibung eingesetzt: Beim Vergleich von Wörtern wie *Tante* vs. *Tanne*, *Winter* vs. *Spinne* erkennen die Kinder die gleiche Vokalqualität, finden aber nur einen Konsonanten, den sie beim Schreiben verdoppeln müssen, damit sie wieder zwei haben. Die Didaktik macht sich hier die oben erwähnte Ikonizität der Schreibung zunutze, die das Silbengelenk richtiggehend abbildet. Deshalb muss die Schärfungsschreibung zunächst an zweisilbigen Wörtern geübt werden. Wenn Kinder in einer bestimmten Phase *kommen* mit zwei *m* schreiben, aber *kommt*

---

34 Was die Einführung der grammatischen Terminologie angeht, so ist es derzeit in den meisten Lehrgängen so, dass die Wortarten sehr früh zu Beginn des zweiten Schuljahrs eingeführt werden, was mit der Thematisierung der satzinternen Großschreibung zu diesem Zeitpunkt zusammenhängt. Eine Alternative, m.W. bisher von niemandem erprobt, bestünde darin, die grammatischen Konzepte anhand der der Operation des Verlängerns einzuführen.

mit nur einem, so ist das zunächst kein Beinbruch. Um *kommt* richtig zu schreiben, müssen die beiden Strategien Silbe und Verlängern kombiniert werden. Wir schreiben *Mann* wegen *Män-ner*, *messt* wegen *mes-sen*, *dünn* wegen *dün-ner*, aber *Ton* wegen *To-nes*, *holt* wegen *ho-len*, *spät* wegen *spä-ter*. Das Beispiel macht die Strategie deutlich: Der Einsilber muss zum Zweisilber werden, dies geschieht durch Verlängern. Ob ein Silbengelenk vorliegt, kann man nur hören, wenn man zwei Silben hat. Dabei sind die Schritte dieselben: Bilde bei Verben die Grundform (*kommt – kommen*), bei Nomen die Mehrzahl (*Fell – Felle*), setze Adjektive vor ein Nomen (*hell – ein heller Stern*).

5.4 Strategie Wortfamilie/Verwandte

Die beiden folgenden Strategien, *Wortfamilien/Verwandte* bzw. *Wortbausteine* behandeln im Prinzip den gleichen Sachverhalt: In der deutschen Orthographie werden aufgrund des oben genannten Morphemkonstanzprinzips Morpheme praktisch immer gleich geschrieben; kennt man verwandte Wörter, d.h. Wörter, die das gleiche Stammmorphem enthalten, kann man alle diese Wörter richtig schreiben (Strategie *Verwandte*); kennt man die Schreibung der Morpheme, kann man auch das Wort richtig schreiben (Strategie *Wortbausteine*).

Das Problem der Identifizierung von Morphemen für die Kinder wurde oben schon angesprochen: Weder die zugeordnete Bedeutung noch die lautliche Form des Morphems ist konstant. Mit der gleichen Logik wie in den nicht-phonographischen Strategien *Verlängern* und *Silbe* wird auch der morphologische Aufbau über die phonographische Schiene eingeführt.

Wortfamilien: Wörter einer Wortfamilie haben denselben Wortstamm. Du schreibst ihn immer gleich. Der Selbstlaut im Stamm kann sich ändern: *die Gefahr – gefährlich; sitzen – der Sitzplatz; wohnen – die Wohnung – das Wohnzimmer.*	

Kinder wissen, selbst wenn sie das noch nicht fachsprachlich verbalisieren können, dass der Plural *Bälle* zu *Ball* gehört und dass der *Läufer* einer ist, der *läuft*. Die Strategie Wortfamilien/Verwandte wird anhand von Wörtern eingeführt, in denen die Alternation *a/ä* (*fallen/fällt*) bzw. *au/äu* (*Traum/träumen*) auftritt oder eben nicht (*Zelt, Feuer*). Die Erkenntnis der gleichen Stammschreibung kann dann ausgebaut und ausgedehnt werden auf andere Phänomene wie etwa die durchgehende Schreibung des Dehnungs-*h* in einer Wortfamilie (*wohnen, Wohnung, Wohnwagen, unbewohnt*).

Die Strategie geht aus von dem Erkennen des Wortstammes als gemeinsamem Bedeutungsteil einer Menge unterschiedlicher Wörter, die eine Wortfamilie bilden. Die Formulierung ist nicht unproblematisch, da gerade in den Fällen, mit denen die Strategie eingeführt wird, der Stamm durch die Umlautschreibung nicht gleich bleibt. Die Erfahrung hat aber gezeigt, dass die visuelle Ähnlichkeit des Umlauts („ein *a* mit zwei Pünktchen") für Kinder und Lehrkräfte viel bedeutsamer ist als die Tatsache, dass der Stammvokalismus sich ändert.

5.5   Strategie *Wortbausteine*

Wortbausteine: Aus Wortbausteinen können Wörter gebildet werden. Es gibt vier Arten von Wortbausteinen: Vorsilben, Wortstämme, Nachsilben, Endungen. Wenn du weißt, wie die Wortbausteine geschrieben werden, kannst du das ganze Wort richtig schreiben: *auf-bau-en, freund-lich-er.*

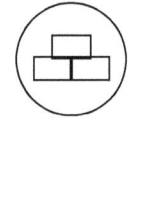

Mit dem in der schulischen Praxis eingeführten Begriff „Wortbaustein" bezeichnet man den sprachwissenschaftlichen Begriff *Morphem*. Die Strategie *Wortbausteine* funktionalisiert die sprachanalytische Einsicht in die Mehrteiligkeit eines Wortes für die Rechtschreibung. Die Fähigkeit, morphologisch komplexe Wörter zerlegen zu können bzw. aus den Bausteinen Wörter zu bilden erlaubt es, unbekannte Schreibungen zu eruieren, weil in den allermeisten Fällen die Schreibweise eines Morphems immer gleich bleibt, also auf Wörter mit dem gleichen Morphem übertragen werden kann: *ver-* einmal mit *v*, immer mit *v*, *fahr-*: einmal mit *h*, immer mit *h*, usw. Das Wissen über Wortbausteine ist auch für andere Bereiche der Rechtschreibung nützlich, da viele Suffixe wortartspezifisch sind; es kann also z.B. gelernt werden, dass Wörter, die mit einem der Wortbasteine *-ung, -heit, -keit* oder *-schaft* enden, großgeschrieben werden, weil mit diesen Nachsilben Nomen gebildet werden.[35] Die Einführung der Wortbausteine ist aus den oben angeführten Gründen besonders schwierig. Die Anbindung an die bereits vorhandenen

---

35 Es ist höchst misslich, dass die Schulterminologie hier statt von Prä- und Suffixen von Vorsilben und Nachsilben spricht. In einem Rechtschreibkonzept, das dem silbischen Prinzip zentrale Bedeutung zumisst, ist dies noch ärgerlicher. Leider gibt es bisher keine Lehrpläne, die in Lehrwerken die sprachwissenschaftliche Terminologie zulassen, wie denn überhaupt die Überarbeitung der KMK-Liste sprachwissenschaftlicher Terminologie von 1982 (!) ein dringendes Bedürfnis ist.

phonographischen Fähigkeiten fällt nicht so leicht wie in den anderen bisher genannten Fällen. Es ist deshalb durchaus sinnvoll, wenn die Kinder zuerst z.B. mit beschrifteten Bauklötzen umgehen, um Wörter zu bilden. So können die Kinder handelnd und spielerisch Wörter bauen, und der Ausdruck „Wortbaustein" bekommt besonderes Gewicht. Bei einer solchen Vorgabe wird auch das Problem der Allomorphien und opaken Bedeutungen umgangen.

5.6 Strategie Merkwörter

Merkwörter: Bei manchen Wörtern musst du auswendig wissen, wie man sie schreibt. Es sind Merkwörter: *der Marathon; der Fuchs; das Handy; abwärts* 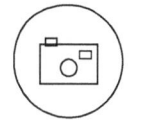

Im Zentrum der Rechtschreibarbeit sollte grundsätzlich die Regelhaftigkeit der deutschen Orthographie stehen. Bei Anwendung der fünf eben erläuterten Strategien müsste ein Kind in jedem Grundschuldiktat, in dem nicht gerade Fremdwortschreibung oder Irregularitäten geübt werden, mindestens durchschnittlich abschneiden. Dennoch bleiben Bereiche, die einfach nur memoriert werden können, z.B. das Vogel-*v* und sehr viele Fremdwörter. Deshalb wäre es, gerade wenn man die Regelhaftigkeit in den Vordergrund stellt, fahrlässig und unverantwortlich, solche Bereiche aus dem Unterricht lange auszusparen.

Auch Merkwörter lassen freilich bestimmte Unterregularitäten erkennen. Im hier vorgestellten Konzept wird deshalb der normale Regelfall vom sporadischen Fall abgegrenzt. Dies möchte ich am Beispiel der sog. Dehnungsschreibung im Deutschen zeigen.

Die Fähigkeit, im Zweisilber Silben mit kurzen und langen Selbstlauten anhand der Silbenstruktur zu unterscheiden, wird anhand der Strategie Silben erlernt (s.o.). Als Basis sollten Lehrer wie Kinder wissen, dass der Langvokal in der deutschen Rechtschreibung meistens nicht markiert wird: Man schreibt 80% der Wörter mit den Langvokalen *a, ä, e, o, ö, u* und *ü* korrekt, wenn man die Vokallänge nicht markiert. Ausnahme ist das lange *i*; hier ist die Schreibung *ie* mit Dehnungsmarkierung der Regelfall. Deshalb sind sog. Dehnungsschreibungen (außer *ie*) Merkwörter.

Dies gilt zunächst für das silbentrennende *h* (*Ruhe, gehen*). Zwar lässt sich hier eine Regel formulieren (wenn die erste Silbe mit Vokal aufhört und die nächste mit Vokal anfängt, wird dazwischen (meistens) ein *h* geschrieben) – trotzdem werden solche Wörter besser als Merkwörter behandelt, denn das Kind kann beim Verlängern von *geht, stehst* zu *gehen, stehen* usw. kein *h* hören, d.h. nicht seine phonographischen Kompetenzen einsetzen, um zur richtigen Schreibung zu gelangen, und die (überaus plausiblen) Erwägungen etwa in Eisenberg (2004) zur Motivierung des silbentrennenden *h* sind nach meiner Auffassung in der Grundschule (noch) nicht didaktisch umsetzbar.

Wörter mit Dehnungs-*h* sind konsequent als Merkwörter zu behandeln. Zwar lässt sich auch hier lässt sich eine Regel formulieren: „Bei manchen Wörtern folgt auf einen langen Selbstlaut ein Dehnungs-*h*. Ein Dehnungs-*h* steht nur vor den Buchstaben *l, m, n, r*". Aber die Formulierung „bei manchen Wörtern" weist schon darauf hin, dass man im Zweifel wissen muss, ob ein Dehnungs-*h* steht oder nicht – oder eben nachschlagen. Daraus folgt, dass auch Wörter wie *Boot, Saal, leer* erst recht Merkwörter sind. Es ist m.E. völlig unsinnig, hier eine Regularität ausmachen zu wollen oder gar den Schülern mitzuteilen, manchmal werde der Langvokal auch durch Doppelvokal markiert. Diese im Kinderwortschatz ca. 35 Wörter (sechs Morpheme mit Doppel-O, zwanzig mit Doppel-E, zehn mit Doppel-A) sind Merkwörter, und es ist keine Hilfe zu erklären, da werde der Vokal „gedehnt".

6 Der Umgang mit den Strategien: Symbole und Dudenkarten

Die Anwendung der Rechtschreibstrategien wird in den genannten Lehrwerken symbolisch unterstützt. Aus diesem Grund wurde auch in dem dazugehörigen Wörterbuch *Lexi Wörterschatz* das System der Strategiesymbole zur Auszeichnung der einzelnen Wörter verwendet. Sinn dieser Markierung ist es, dass das Kind beim Nachschlagen auf Rechtschreibmerkmale gelenkt wird. In den Lehrwerken sind Aufgaben, in denen die einschlägige Strategie einzusetzen ist, mit den oben vorgestellten Icons ausgezeichnet. Die Kinder sollen so oft wie möglich auf die Strategien hingewiesen werden. Außerdem stehen die Strategien auf Karten (sog. Dudenkarten) zur Verfügung, die in verschiedenen Übungen eingesetzt werden können. Die Zielsetzung ist es, Kinder in die Lage zu versetzen, Rechtschreibung selbst (auf der Metaebene) zu thematisieren, darüber angemessen sprechen zu können.

Ausgangspunkt der Überlegungen sind Rechtschreibgespräche wie z.B. im Sprachbuch 3 bei der Einführung der Dudenkarten. Auf der Illustration fragt ein Kind „wie schreibt man eigentlich *mächtig?*". Ein anderes Kind hält die Karte *Verlängern* hoch und sagt „es heißt *der mächtige Zauberer*, also mit *g*". Ein anderes mit der Karte *Verwandte* äußert „der Zauberer hat große *Macht*, also mit *ä*". Solche Gespräche können durch verschiedene Aufgabentypen initiiert werden: Richtig-falsch-Aufgaben, Fehlerkorrektur, Partnerdiktat. Besonderes Augenmerk liegt in den Lehrwerken dabei auf Aufgaben, in denen es darum geht, dass die Kinder Fehler selbst korrigieren – wie soll man Fehler korrigieren können, wenn man keine Expertise darin hat, Fehler zu erkennen?

Der Einsatz der Dudenkarten beim Partner- oder Fragediktat kann das zeigen: Beobachtet das diktierende Kind eine Fehlschreibung, z.B. *Hant,* so weist es mit der Strategiekarte *Verlängern* darauf hin, dass mit Hilfe dieser Strategie der Fehler erkannt und korrigiert werden kann. Die Verwendung einer Karte ist deshalb sehr hilfreich, weil es Kindern erfahrungsgemäß schwer fällt, Rechtschreibtipps zu verbalisieren, ohne dass einfach nur gesagt wird „falsch" oder aber sofort die richtige Schreibung genannt wird. Durch den Gebrauch der Karte bzw. des Symbols wird der Schreibende aufgefordert, die Operation verbal, d.h. laut, zu vollziehen; dadurch wird sowohl die Rechtschreibsicherheit des diktierenden wie auch die des schreibenden Kindes geschult.

In gleichem Sinne sind die Icons auch bei der Selbstkorrektur verwendbar: Die Kinder sollen das falsch geschriebene Wort nicht nur richtig schreiben, sondern auch angeben, wieso es so und nicht anders geschrieben wird. Beim (leider im Schulalltag viel zu wenig verwendeten) Aufgabentyp des Korrigierens von vorgegebenen Fehlertexten sind die Symbole als Hinweise ebenfalls sehr nützlich: Die Korrektur geht über das bloße Verbessern hinaus, die Ursache der Fehlschreibung und der Weg zur richtigen Schreibung werden thematisiert. Es ist allerdings bei diesem Aufgabentyp immer die Anzahl der Fehler im vorgegebenen Text anzugeben, damit keine falschen Schreibungen unkorrigiert bleiben.[36]

7 Literatur

7.1 Lehrwerke (Herausgeber Hartmut Günther)

Duden-Sprachbuch 2-4 (Schülerbuch, Arbeitsheft, Lehrermaterial). 2005-2007. Frankfurt: Duden-Paetec.

Üben mit Lexi 3/4. Übungshefte und Lehrermaterial 2007. Frankfurt: Duden-Paetec.

Eselsbrücke 2-4: Mit Köpfchen richtig schreiben. Schülerhefte und Lehrermaterial. 2008-2009. Frankfurt: Duden-Paetec.

Lexi-Wörterschatz. Das Wörterbuch mit Rechtschreibstrategien. 2006. Frankfurt: Duden-Paetec.

Rechtschreibstrategien erfolgreich vermitteln - Lehrermaterial zu den Dudenkarten. 2009. Frankfurt: Duden-Paetec.

---

36 Ein Lehrerheft mit weiteren Vorschlägen für die Arbeit mit den Dudenkarten ist 2009 bei Duden-Paetec erschienen (s. Literaturverzeichnis).

7.2 Wissenschaftliche Literatur

Becker, Tabea. 2008. *Modelle zum Schriftspracherwerb im Vergleich: Eine Bestands-aufnahme.* In: Didaktik Deutsch 25, 78-95.

Eisenberg, Peter. 2004. *Grundriss der deutschen Grammatik. Band I: Das Wort.* Stuttgart: Metzler.

Eisenberg, Peter. 2005. *Phonem und Graphem.* In: Duden Band 4: Die Grammatik. Mannheim: Dudenverlag, 19-94.

Frith, Uta. 1985. *Beneath the surface of developmental dyslexia.* In: K.E. Patterson, J.C. Marshal & M. Coltheart (Hrg.), Surface dyslexia. Neuropsychological and cognitive studies of phonological reading. London: LEA, 301-330.

Günther, Hartmut. 1998. *Phonographisches Lesen als Kernproblem der Dyslexie.* In: R. Weingarten & H. Günther (Hrg.), Schriftspracherwerb. Hohengehren: Schneider, 98-115.

Günther, Hartmut. 2000. *Strukturen des Schriftspracherwerbs.* In: R.P. Gorbach (Hrg.), Lesen - Erkennen. Ein Symposium der Typographischen Gesellschaft München. München: Typographische Gesellschaft, 101-118. Wieder abgedruckt in diesem Band.

Günther, Hartmut. 2006. *Sprachdidaktische Transformation sprachwissenschaftlicher Theorien – Am Beispiel der Doppelkonsonantschreibung im Deutschen.* In: P. Hanke (Hrg.), Grundschule in Entwicklung. Herausforderungen und Perspektiven für die Grundschule heute. Münster: Axmann, 167-186.

Günther, Klaus-B. 1986. *Ein Stufenmodell der Entwicklung kindlicher Lese- und Schreibstrategien.* In: H. Brügelmann (Hrg.), ABC und Schriftsprache - Rätsel für Kinder, Lehrer und Forscher. Konstanz: Faude, 32-54.

Opitz, Martin. 1624. *Buch von der Deutschen Poeterey.* Breslau.

Risel, Heinz. 2006. *Morphodidaktische Sondierungen – erste Bestandsaufnahmen und Perspektiven für eine qualitative Wende.* In: U. Bredel & H. Günther (Hrg.), Orthographietheorie und Rechtschreibunterricht. Tübingen: Niemeyer.

Von A bis Z – Aspekte alphabetischen Sortierens

Erschienen in:
Sprachreport 3/1996, S. 5-6.
Mit freundlicher Genehmigung des Instituts für Deutsche Sprache, Mannheim

Lange bevor sie lesen und schreiben gelernt haben, können viele Kinder das ABC aufsagen. Seine effiziente Anwendung beim Ordnen von Listen oder beim Auffinden von
Informationen in Wörterbüchern, Telefonverzeichnissen etc. stellt sich erst viel später
ein. Dies gilt auch in historischer Sicht: Der systematische Gebrauch der ABC-Reihe
für Ordnungszwecke ist nach antiken Anfängen erst in der Neuzeit betrieben worden,
obgleich die Reihenfolge der Buchstaben wohl an die viertausend Jahre alt ist - die
älteste uns erhaltene vollständige Aufzeichnung der semitischen Alphabetreihe aus Ras
Shamra an der syrischen Küste wird ins 14. Jahrhundert vor Christus datiert, Teilfunde
insbesondere des Anfangs *aleph beth gimel* sind älter.

1 Zur Technik alphabetischen Sortierens

Wie bei vielen anderen Fähigkeiten, die wir automatisch beherrschen (z.B. sprechen),
sind wir uns oft nicht darüber im Klaren, wie die Sache eigentlich funktioniert. Grundsätzlich behandelt man beim alphabetischen Sortieren Buchstaben als Zahlen. Die Menge der Buchstaben in einer kanonischen Abfolge wird der Folge der natürlichen Zahlen
zugeordnet (z.B. AFFE: A ist der 1., F der 6. und E der 5. Buchstabe der ABC-Reihe,
es ergibt sich 1665). Die Buchstabenfolgen werden als entsprechende Zahlenfolgen
behandelt und nach ihrer Größe geordnet. Die Wörter IDEE, AFFE, EBBE und BACH
entsprechen den Zahlen 9455, 1665, 5225 und 2138, nach Größe geordnet 1665, 2138,
5225 und 9455, also AFFE, BACH, EBBE und IDEE. Zwei Komplikationen gibt es
noch, einmal die Wortlänge - dies löst sich, wenn man Dezimalbrüche verwendet. Will
man z.B. das Wort BAD in die Liste einordnen, so ergibt sich die Zahl 214, kleiner als
alle anderen. Multipliziert man alle Werte mit 0,1, so erhält BAD (0,2140) die richtige
Stelle zwischen BACH (0,2138) und EBBE (0,5225). Das andere Problem ist die Zahl

der Buchstaben des ABC (26 im Deutschen bzw. mit Umlauten und ß 30, s.u.). Dies ist zu lösen, wenn ein Zahlensystem zur Basis 26 (bzw. 30) verwendet wird; auf eine Demonstration soll hier aus Anschaulichkeitsgründen verzichtet werden.[37] Zusammengefasst lässt sich das so formulieren:

1.	Wandle alle Buchstabenfolgen in Ziffernfolgen um, und zwar in einem Zahlensystem zur Basis n+1, wobei n = Zahl der Buchstaben des verwendeten ABC.
2.	Multipliziere alle Zahlen mit 0.1.
3.	Ordne die Zahlen nach ihrer Größe.
4.	Wandle die Zahlen in Buchstabenfolgen zurück.

2   Zur Geschichte alphabetischen Sortierens

Ursprung und Zweck der Reihenfolge der Buchstaben im semitischen Raum ist unbekannt; jedenfalls wurde damit nicht alphabetisch sortiert. Diese Technik wird in Griechenland erfunden, und zwar vermutlich aufgrund einer Eigenart der griechischen Schrift. Anders als die semitischen Völker benutzten die Griechen nämlich die Buchstaben auch zur Zahlenschreibung. Die ersten neun Buchstaben bezeichnen die Zahlen 1-9, die zweiten 9 die Zehner 10, 20, 30 ..., die dritten die Hunderter 100, 200, 300...[38] Die Alphabetisierungstechnik geht wohl auf Zenodot, den Begründer der Bibliothek von Alexandria im 3. vorchristlichen Jahrhundert, zurück.[39] Dabei ist alphabetisches Sortieren nur das letzte nach vielen anderen, inhaltlichen Ordnungskriterien. Im übrigen wird fast durchwegs nur der Initialbuchstabe berücksichtigt, nur selten der zweite, mehr Buchstaben praktisch nie. Der erste, der das oben beschriebene System absoluten alphabetischen Sortierens mit Berücksichtigung aller Buchstaben angewandt hat, ist Galen in seinen Hippokratischen Glossen; es wird aber offenbar nicht übernommen oder überhaupt verstanden, denn seine Abschreiber und Kommentatoren werfen die wohlbegründete Reihung munter durcheinander. Primäres Anwendungsgebiet des ABC sind Bibliotheken und Wissenschaft, vereinzelt auch die Verwaltung.

37　Vgl. zur Thematik ausführlich Günther (1996).

38　Vgl. zur Zahlenschreibung in verschiedenen Kulturen das anregende Buch von Ifrah (1989).

39　Die grundlegende Darstellung zur Geschichte alphabetischen Sortierens bietet Lloyd W. Daly (1967). Zur griechischen Situation und Zenodot vgl. Alpers (1989).

Die Römer übernehmen die griechische Schrifterfindung, sie übernehmen auch die kanonische Abfolge der Buchstaben, aber kurioserweise nicht das alphabetische Ordnungsprinzip; lediglich in einigen durch griechische Vorlagen inspirierten wissenschaftlichen Schriften, etwa beim älteren Plinius, wird die ABC-Reihung sporadisch verwendet. Es scheint von heute aus unvorstellbar, dass eine riesige Organisation wie die römische Armee ohne alphabetisch geordnete Listen (Personal, Material etc.) funktionieren konnte.

Alphabetische Anordnung bleibt bis ins späte Mittelalter auf die Anordnung nach dem Initialbuchstaben beschränkt. Dafür gibt es im Wesentlichen zwei Ursachen. Zum einen sind Schreibung und Lautung (des Lateinischen) variabel und nicht normiert; dadurch aber kann ein Wort keinen wohldefinierten Platz in der Wortliste erhalten (variable Schreibung führt zu verschiedenen Zahlenwerten im Sinne der o.a. Rekonstruktion).[40] In der Tat ist die ad fontes-Bewegung der Humanisten ganz wesentlich mit begründet in der Suche nach einer (Schreib-) Norm, die Wörterbücher und Enzyklopädien ermöglicht. Dabei entsteht das Paradox, daß bei striktem alphabetischen Sortieren der Lautbezug der Buchstaben systematisch ausgeblendet wird, vgl. z.B. die Reihenfolge BEHALTEN, BEIFÜGEN, BEINCHEN, BEINHALTEN, BEIRAT, BEIRREN, BEISETZEN, BEJAHEN, BELAG, BELLEN, wo die alphabetische (!) Anordnung die lautlich zusammengehörenden Wörter auseinanderreißt, weil z.B. die zwei Buchstaben des Diphthongs auf nur einen Laut bezogen sind.

Zum anderen verlangt ein solches System, mathematisch betrachtet, das Verfügen über die Ziffer Null bzw. über ein Positionssystem der Zahlendarstellung; dieses gelangt erst über die Araber nach Europa. Die Zahlenschreibung bleibt in den antiken und mittelalterlichen Systemen konkret, anschaulich; die Vorstellung der Ziffer als Variable gibt es nicht. Dies gilt *mutatis mutandis* auch für die Auffassung der Wortschreibung. Wie der Buchdruck mit beweglichen Lettern setzt die Technik absoluten alphabetischen Sortierens das mathematische Positionssystem der Zahlen voraus.

3 Probleme und neuere Entwicklungen

Das Hauptproblem für die alphabetische Anordnung ergibt sich bei Veränderungen des Buchstabeninventars, wie dies z.B. bei der Übernahme des lateinischen Alphabets in andere Sprachen immer wieder auftritt: Wo sind neue Buchstaben bzw. Buchstaben mit Diakritika einzuordnen? Deutsche Behörden und Lexikographen tun sich bis heute

---

40 Für Lösungsversuche vgl. Günther (1996) auf der Basis der Darstellung von Miethaner-Vent (1986).

schwer damit, den Platz der Umlautbuchstaben ä, ö, ü und des ß in der Alphabetreihe zu bestimmen. Im einfachsten Fall werden Umlautbuchstaben einfach behandelt wie der entsprechend Buchstabe ohne Diakritikon. Man kann auch allen Wörtern mit A an der betreffenden Position diejenigen mit Ä an derselben Position folgen lassen. Andere Wortlisten behandeln Ä so, als stünde dort AE; schließlich kann man die Umlautbuchstaben wie die skandinavischen Sprachen das å (und wie ältere Computerprogramme das Ä) an den Schluß der Alphabetreihe setzen.[41] Solche auf den ersten Blick trivialen Überlegungen werden wesentlich, wenn es um die alphabetische Sortierung von Lemmata aus Sprachen mit verschiedenen Alphabetreihen geht, eine Aufgabenstellung, der sich z.B. Behörden bei Namenslisten gegenübersehen. Die traditionelle Verfahrensweise ist hier die Transliteration; aber dieses Verfahren verlangt von den Benutzern Kenntnisse der zugrundegelegten Prinzipien, die zudem von der fragwürdigen Prämisse eines grundsätzlich primären Lautbezugs alphabetischer Schriftzeichen ausgehen.

Für die Sprachverarbeitung durch den Computer ergeben sich ebenfalls Schwierigkeiten, aber auch Lösungswege. Jeder Computerbenutzer, der einmal auf einem fremden System in seiner Muttersprache geschrieben hat und dann Listen sortieren wollte, kennt diese Probleme. Zwar enthalten neuere Textverarbeitungsprogramme meist eine ganze Anzahl von Sprachoptionen, doch gibt es natürlich erheblich mehr Alphabetreihen. Einfachere Programme ordnen in der Regel nach dem Standard das ASCII-Codes. Hier stehen für 256 Zeichen Kodierungsmöglichkeiten bereit. Dies ist natürlich viel zu wenig, um die für internationalen Datentausch notwendige direkte Überführbarkeit zu ermöglichen. Es wird deshalb derzeit an der Erarbeitung eines internationalen Standards gearbeitet, der so viele Schriften wie möglich systematisch erfassen soll.[42] Ein solches universelles Referenzsystem soll es ermöglichen, Sortiervorgänge, die bislang auf einzelne Inventare beschränkt waren, über alle Inventare hinweg durchzuführen (vgl. Weingarten 1995, 14).

4 Literatur

Günther, Hartmut. 1996. *Alphabetisches Sortieren*. In: Günther, H./Ludwig, O. et al. (Hrg.): Schrift und Schriftlichkeit – ein interdisziplinäres Handbuch internationaler Forschung. Bd. 2, Artikel 141. Berlin et al: de Gruyter, 1568-1583.

Ifrah, Georges. 1989 [1981]. *Kulturgeschichte der Zahlen*. Frankfurt: Campus

---

41 Vgl. die systematische Darstellung der Einordnungsmöglichkeiten für die deutschen Zusatzbuchstaben bei Hermann Möcker (1987).

42 Zu diesen Aktivitäten wie ISO 10646, UNICODE etc. vgl. Weingarten (1995).

Daly, Lloyd W. (1967): *Contributions to a History of Alphabetization in Antiquity and in the Middle Ages*. Brüssel: Collection Latomus Bd. 90.

Alpers, Klaus. 1989. *Griechische Lexikographie in Antike und Mittelalter.* In: Koch, H. A. (Hg.): Welt der Information. Stuttgart, S. 14-48.

Miethaner-Vent, Karin. 1986. *Das Alphabet in der mittelalterlichen Lexikokraphie*. La Lexique 4, S. 83-112.

Möcker, Hermann. 1987. *Wittgenstein, Wüster und die Erstellung eines deutschen Norm-Alphabets*. Muttersprache 97, S. 336-356.

Weingarten, Rüdiger. 1995. *Das Alphabet in neuen Medien*. In: Osnabrücker Beiträge zur Sprachtheorie 50, S. 61-82

ABC-Didaktik

Für Hans G. Tillmann

1 Einleitung

Alphabetschriften sind Schriften, in denen, sehr vereinfacht ausgedrückt, die Laute einer Sprache durch Buchstaben wiedergegeben werden; die geordnete Menge der Buchstaben heißt Alphabet. Dabei fällt es dem literalisierten Erwachsenen in der Regel nicht auf, dass dieser Ausdruck zwei verschiedene Bedeutungen hat. Das Alphabet ist einerseits die Menge der Buchstaben, mit denen eine Sprache verschriftet wird, und andererseits die feststehende Reihenfolge von Buchstaben. Die Existenz einer feststehenden Reihenfolge der Buchstaben ist keine Bedingung für alphabetische Verschriftung: Das Internationale Phonetische Alphabet (IPA) z.B. ist nicht linear angeordnet, die Reihenfolge der Buchstaben im Alphabet spielt für die Beschreibung etwa des deutschen Schriftsystems keine Rolle und eine alphabetisch verschriftete Sprache kann man lesen und schreiben, ohne die Reihenfolge der Buchstaben des Alphabets zu kennen. Diese Zweideutigkeit des Begriffs "Alphabet" zeigt sich auch an Buchstaben, die im klassischen Alphabet keinen Listenplatz haben, aber für die Verschriftung notwendig sind, im Deutschen z.B. die Umlaute und das Eszett – die wenigsten schriftkundigen Deutschen werden bei der Aufforderung, das ABC aufzusagen, auch die genannten Zusatzbuchstaben nennen.[43] Es ist deshalb sinnvoll zu unterscheiden zwischen den Begriffen *Alphabetschrift* als Schrifttyp, in dem die Schriftzeichen sich auf lautliche Einheiten unterhalb der Silbenebene beziehen, und *Alphabetreihe* (oder *ABC*) als der geordneten Menge von Buchstaben, bei adjektivischem Gebrauch also zu unterscheiden zwischen *alphabetisch verschriftet* und *alphabetisch sortiert*. Die Überlegungen zu didaktischen Konsequenzen aus dieser in der Regel nicht getroffenen Unterscheidung für die Schrift-

---

43 Wenn sie doch genannt werden, werden sie in der Regel ans Ende hinter das Z gestellt; ganz selten im ABC jeweils nach dem A, dem O, dem S und dem U aufgeführt.

spracherwerbsdidaktik, die ich zuerst in Günther (2009) angedeutet habe, sollen in diesem Beitrag vorangetrieben werden. Dabei wird es in diesem Text in erster Linie um die Technik des Umgangs mit der Alphabetreihe gehen.

2   Alphabetschrift und Alphabetreihe

2.1 *Ursprung der Alphabetreihe*

Die Geschichte der Alphabetreihe und das Strukturprinzip alphabetischer Anordnung habe ich im vorstehend wieder abgedruckten Aufsatz skizziert; vgl. ausführlicher Günther (1996a,b) sowie jetzt Küster (2006). Diese Darstellungen gehen davon aus, dass die Reihenfolge der Buchstaben zu ihrem Lautbezug in keiner Beziehung steht. Es gibt es in der Tat keine wissenschaftlichen Arbeiten, die einen historischen Zusammenhang zwischen der Reihenfolge der Buchstaben des Alphabets und ihrer Funktion als Zeichen für Einheiten der Lautsprache überzeugend nahe legen könnten (Tropper 1994). Das gilt auch für die faszinierenden, aber höchst spekulativen Überlegungen von Watt (1989). Watt untersucht die Alphabetfolge auf einem bekannten Fund aus Ugarit aus dem 13./14. Jahrhundert vor der Zeitenwende mit einer 22 Buchstaben langen ABC-Reihe (abgedruckt in Küster 2006: 122). Er rekonstruiert sie als Linearisierung einer für didaktische Zwecke entwickelten zweidimensionalen phonetischen Matrix mit 5 Zeilen und 5 Spalten, deren Anordnung u.a. Artikulationsort und -art berücksichtigt. Aber selbst wenn im Semitischen im 13./14. Jahrhundert ein solcher Zusammenhang bestanden hätte, wäre die erstaunliche Konstanz der Alphabetreihe im Laufe von drei Jahrtausenden damit kaum zu erklären, da der vermutete Zusammenhang zwischen der Phonetik der in Ugarit gesprochenen semitischen Sprache und der Anordnung der Schriftzeichen schon in anderen semitischen Sprachen und später im Griechischen nicht mehr transparent war, ganz abgesehen davon, dass in südsemitischen Sprachen eine andere Anordnung der Buchstaben in Gebrauch war und ist.

Keineswegs überzeugender sind allerdings Überlegungen, die eine semantische Fundierung der Alphabetreihe vermuten. Küster (2006: 127-170), der die bislang umfangreichste Monographie zur Entwicklung alphabetischen Sortierens vorlegt hat, stellt alle esentlichen Aspekte zusammen, die hier diskutiert worden sind.[44] Das sind vor allem

---

44 Es ist schade, dass diese monumentale, detailreiche Monographie über die Entwicklung der alphabetischen Sortierung und ihren Gebrauch in Listen und Wörterbüchern, die eine wirkliche Lücke im Schrifttum füllt, wesentliche ältere Literatur zur Alphabetreihe wie etwa Daly (1967) unterschlägt, die moderne Schriftlichkeitsforschung der vergangenen 35 Jahre weitgehend ignoriert und deshalb Gelb (1963) oder Derrida (1967) für die gegenwärtigen Endpunkte einer „Wis-

die Namen der Buchstaben, ihr Bezug zu Piktogrammen sowie das Prinzip der Akrophonie. Küster versucht, zwischen der sumerischen Listenkultur, den Buchstabennamen und einer semantischen Anordnung *Haus, Arbeitsbereich Mann, Arbeitsbereich Frau* sowie *Mensch* einen Zusammenhang herzustellen; seine Rekonstruktion fußt primär auf der Herkunft der Buchstabennamen aus Piktogrammen für Stier, Haus, Wasser usw. Das Problem aller semantisch motivierten Begründungen für die Anordnung der Alphabetreihe begegnet aber auch hier: Wie stringent ist die Idee, dass die Hierarchie *Haus, Landwirtschaft, Textilherstellung, Wasser, Körper, Mensch* einer Gesellschaft so eingeschrieben ist, dass sie quasi selbstevident zu einer Reihenfolge abstrakter Zeichen wird?

2.2 Alphabetreihe und Alphabetschrift

Im heutigen Deutsch und allen anderen alphabetisch verschrifteten Sprachen hat die Alphabetreihe mit der phonographischen Funktion der Buchstaben nichts zu tun. In Günther (2009) habe ich das anhand von Wörtern mit Sibilanten im Anlaut demonstriert, das folgende Beispiel zieht deutsche Wörter heran, die mit einem labiodentalen Frikativ sowie einem E-Laut plus R beginnen. In den Spalten 1 und 3 von Abbildung (1) sind die Wörter orthographisch wiedergegeben, in 2 und 4 in breiter phonetischer Umschrift nach IPA. In den linken Spalten 1 und 2 sind die Wörter nach der Schriftform alphabetisch geordnet, in den Spalten 3 und 4 nach der verschrifteten Lautform des IPA. Praktisch alle Wörter haben in der lautsprachlichen Sortierung andere Nachbarn als in der orthographischen Sortierung.Natürlich ist eine solche „symbolphonetische" Sortierung völliger Unsinn: Es wird ja nach dem Zahlencode des ASCII-Symbols sortiert und nicht nach phonetischen Eigenschaften – diese sind nur in den verwendeten Lautschriftzeichen kodiert, der ASCII-Code aber berücksichtigt phonetische Verwandtschaften nicht. Der Effekt wäre aber der gleiche, wenn es eine kanonische Abfolge der IPA-Zeichen gäbe, also z.B. ein „AEIBDG", in dem zunächst die Vokale von tief nach hoch (und weiteren Kriterien), dann die Konsonanten z.B. von labial nach velar (und weiteren Merkmalen) angeordnet wären - eine phonetisch motivierte Alphabetreihe, wie sie sich Watt (1989) vorstellt, vgl. auch Küster (2006: 252ff.).

---

senschaft, die es noch nicht gibt" (S.1ff) hält. Diese Wissenschaft existiert und ist höchst lebendig, freilich nicht unter dem ideologischen und irreführenden Begriff „Grammatologie", vgl. Günther, Ludwig et al. (1994/1996) oder die 1998 gegründete Zeitschrift *Written Language and Literacy*. Viele Überlegungen in dieser Tübinger Dissertation hätten unter Einbezug der neueren Schriftlichkeitsforschung deutlich stringenter formuliert werden können. Freilich ist es das Los vieler Arbeiten, die sich aufgrund ihres Forschungsgegenstandes zwischen den Fachdisziplinen bewegen müssen, dass bei der Sichtung der Literatur empfindliche Lücken bleiben können.

1	2	3	4
Färse	*fɛrzə*	vergibt	*fɛrgipt*
Ferse	*fɛrzə*	Verlag	*fɛrlaːk*
fertig	*fɛrtik*	Fertigkeit	*fɛrtiçkɑ̯t*
fertigen	*fɛrtigən*	fertigen	*fɛrtigən*
Fertigkeit	*fɛrtiçkɑ̯t*	fertig	*fɛrtik*
Vera	*veːra*	vertilgen	*fɛrtilgən*
vergibt	*fɛrgipt*	Färse	*fɛrzə*
Verlag	*fɛrlaːk*	Ferse	*fɛrzə*
Versalie	*vɛrzaːljə*	Verse	*fɛrzə*
Verse	*fɛrzə*	Vera	*veːra*
vertikal	*vɛrtikaːl*	wehren	*veːrən*
vertilgen	*fɛrtilgən*	weht	*veːt*
wäre	*veːrə*	wäre	*vɛːrə*
wehre	*veːrə*	Werra	*vɛra*
weht	*veːt*	Wertigkeit	*vɛrtiçkɑ̯t*
Werra	*vɛra*	vertikal	*vɛrtikaːl*
werten	*vɛrtən*	werten	*vɛrtən*
Wertigkeit	*vɛrtiçkɑ̯t*	Versalie	*vɛrzaːljə*

Abbildung 1: Sortierung von Beispielswörtern nach dem ABC oder dem IPA

Die Tabelle soll nur zeigen, wie alphabetisches Sortieren den Lautwert berücksichtigt, nämlich gar nicht. Die Reihenfolge der Wörter in einer alphabetisch (!) sortierten Liste ist nicht lautlich motiviert. Das betrifft nicht nur die vertikale Achse des Anfangsbuchstabens der Wörter einer solchen Liste. Denn da die Buchstaben-Lautbeziehungen mehrdeutig sind, es zudem in den meisten Sprachen Mehrgraphen wie CH oder NG gibt, führt auch die Berücksichtigung der Folgebuchstaben zu phonetisch unplausiblen Folgen wie SAAL, SCHAL, SCHAUEN. SCHEEL, SCHEINEN, SCHEUEN, SAU, SEELE, SEIN, SKLAVE, SOHLE, SPALT, STAHL, STELE, SURE, …

Es ist nun aber paradoxerweise gerade erst das Ergebnis alphabetischer Verschriftung, dass die Alphabetreihe ihre Funktion als Ordnungsprinzip gewinnen kann. Stetter (2007: 104) schreibt:

Die epochale Bedeutung der Entwicklung der Alphabetschrift liegt also in der damit gewonnenen Möglichkeit, sprachliche Information *digital* darzustellen. Insbesondere läßt sich ein alphabetisch geordnetes Wörterbuch als eine fortlaufende Liste L_{WBy} [Liste der Lemmaeinträge des Wörterbuchs WB der Sprache y] organisieren, das es ermöglicht, jedem beliebigen alphabetschriftlichen Wort der betreffenden, durch dieses Wörterbuch gleichsam in einem bestimmten Punkt seiner fluktuierenden Existenz fixierten Sprache y seinen Ort in L_{WBy} punktgenau zuzuweisen.

Diese punktgenaue Zuordnung jedes Wortes einer Sprache in einem Wörterbuch, die in einer nicht alphabetisch verschrifteten Sprache nicht möglich ist, gibt es allerdings in einer alphabetisch verschrifteten Sprache nur dann, wenn es auch eine kanonische Abfolge der verwendeten Schriftzeichen gibt (Günther 2009). Alphabetisches Sortieren setzt also zwar alphabetische Verschriftung voraus, berücksichtigt aber paradoxerweise den Kern dieses Vorgangs, den Lautbezug, nicht mehr.

Die "alphabetische" (!) Anordnung ist aphonetisch und asemantisch.[45] Nirgendwo zeigt sich die vielfach bestrittene Autonomie der Schrift von der Lautsprache auch in alphabetischen Schriftsystemen deutlicher als in ihrem unerhörtesten Produkt, dem alphabetisch sortierten Wörterbuch: *Weil* die Reihenfolge der Buchstaben im ABC sowohl bezüglich der lautsprachlichen Formen als auch der Bedeutungen arbiträr ist, kann sie ein so wirkungsvolles Ordnungsinstrument werden! Dem vorliteralen Menschen ist eine solche nicht-semantische Anordnung fremd – vorliteral ist auch das Lesen und Schreiben lernende Kind. Auch die ersten Enzyklopädien und Wörterbücher sind nicht alphabetischh sortiert – das absolut alphabetisch sortierte Wörterbuch ist ein Produkt der Neuzeit, das allerdings, damit hat Stetter recht, das Prinzip der Alphabetschrift voraussetzt, auch wenn es es gleichzeitig außer Kraft setzt. Das Wissen der Welt vollständig darzustellen beanspruchen nicht erst die Enzyklopädisten der Aufklärung. Die Idee, dass es eine inhaltliche Ordnung der Welt geben müsse, wurde im Baum des Porphyrios im 2. nachchristlichen Jahrhundert, der die Darstellung viele Jahrhunderte lange bestimmen sollen, nicht zum ersten Male formuliert (vgl. Küster 2006); im (ohne alphabetisches Register praktisch nicht verwendbaren) onomasiologischen Wörterbuch findet sich ein letzter Nachklang. Den Zusammenhang der atomisierten Einzeleinträgen des Wörterbuchs bzw. der Enzyklopädie stiftet dann seit Diderot nicht mehr die von oben gegebene hierarchische Weltordnung, sondern der von unten, dem einzelnen Lexikon-

---

45 Aphonetisch ist dabei in einer bestimmten Sichtweise gleichbedeutend mit asemantisch: Bezüglich der Reihenfolge der Lemmata eines alphabetischen Wörterbuchs ist auch die Zuordnung von Buchstaben zu Lauten, d.h. des Signifiés eines Buchstabens (der bezeichnete Laut) zum Signifiant (dem Buchstaben) – sofern man eine solche Beziehung annimmt – irrelevant.

eintrag aus gegebene Verweis – die atomare Präsentation der alphabetisch geordneten Einträge wird vernetzt; Wissen nicht als Baum, sondern als Netz. Dieser Gedanke kann hier nicht weiter verfolgt werden, s. aber Küster (2006).

3   Didaktische Verwendung der Alphabetreihe

In nahezu allen Überlegungen über den Ursprung und die Funktion der Alphabetreihe spielen didaktische Aspekte eine Rolle. Selbst wo der Ursprung der Alphabetreihe mythischen oder magischen Zusammenhängen zugeschrieben wird, wird auch der Aspekt der Lernbarkeit herangezogen. Interessanterweise verwerfen die meisten Autoren die Vorstellung von einer didaktischen Motivation der Alphabetreihe aber gern alsbald, weil ihre didaktischen Alltagstheorien dem Standard ihrer fachwissenschaftlichen Überlegungen nicht entsprechen: In der Regel genügen ihnen zwei bis drei Beispiele, in denen die Alphabetreihe nicht der vorgestellten didaktischen Idee entspricht, um sie als „offenbar unzutreffend" zu charakterisieren. Nun weiß jeder Didaktiker, dass es in der Didaktik nicht darum geht, selbsterklärende Systeme beizubringen – die erklären sich eben selbst! –, sondern gerade solche, die nicht unbedingt logisch konsistent sind und insbesondere im Erfahrungshorizont des Lerners noch nicht vorhanden, und dass deshalb z.B. im schulischen Schriftspracherwerb die jeweils erdachten didaktischen Krükken wie semantische Beispiele, ähnlich klingende Wörter, visuelle Ähnlichkeiten usw. nicht unbedingt Aspekte der Sache selbst sind, sondern Figuren, mit deren Hilfe man dem Erlernen der Sache selbst durch den Lerner näher zu kommen trachtet.

Während man durchaus daran Zweifel haben kann, ob bereits der Ursprung der Alphabetreihe didaktisch motiviert ist (wie z.B. Watt 1989 vermutet), kann kaum Zweifel daran bestehen, dass ihre Tradierung und Festigkeit im didaktischen Gebrauch begründet ist. Schrift ist ein künstliches Produkt, Schriftfähigkeit stellt sich nicht von selbst ein – Schrift und ihre Verwendung müssen gelernt werden, und zwar grundsätzlich in dem Sinne schulisch-institutionell, dass Wissende ihr Wissen an Lernende weitergeben. Da zum Schreiben und Lesen zunächst die Schriftzeichen gelernt werden müssen, deren Formen mit ihrer Funktion in der Regel nichts zu tun haben (und schon gar nicht in einer für die Novizen einsehbaren Art und Weise), bietet sich eine kanonische Folge als Lernform an. Küster (2006) zeigt, dass es auch in nicht-alphabetischen Schriften wie der sumerischen didaktisch motivierte Anordnungen der Schriftzeichen gab, nach denen sie gelehrt und gelernt wurden. Umso einleuchtender ist es, dass sich für die begrenzte Anzahl der alphabetischen Schriftzeichen mit ihrer hochabstrakten, semantisch nicht greifbaren Funktion eine feststehende Reihenfolge für Lernzwecke etabliert hat und immer weiter tradiert wurde. Die seit der Antike bis in die Neuzeit verbreiteteste Leselernmethode, die sog. Buchstabiermethode, beginnt mit dem Auswendiglernen der Alphabetreihe, die den Lautbezug der Buchstaben nicht berücksichtigt, d.h. nicht phonographisch ist. Didaktisch viel näher läge ja ein „AEIOU" oder ein „BDG", d.h. ein phonetisch organisiertes ABC, wie es Watt (1989) für das Ugaritische postuliert und wie es in der Geschichte alphabetischer Sortierung verschiedentlich vorgeschlagen wurde (vgl. z.B. im Zusammenhang mit der französischen Revolution Küster 2006: 547f.). Das Lernen einer kanonischen Reihenfolge der Buchstaben in der Vergangenheit diente offenbar zunächst nur dem Erlernen der neuen Einheiten, der Buchstaben, und zwar genauer der Verknüpfung eines Buchstabennamens mit einer visuellen Form. Die Funktion der Buchstaben, auf Lautsprache zu verweisen, bleibt dabei zunächst ausgeblendet (vgl. Topsch 2003: 502).

Während die Buchstabiermethode den Lautbezug über Konsonant-Vokal- oder Vokal-Konsonant-Verbindungen in alphabetischer Folge herzustellen versucht, bedienen sich lautierende Verfahren der Alphabetreihe als Ordnungsprinzip für die Didaktisierung des Lautbezugs. Zur Unterstützung der Lernenden gibt es deshalb in jeder Generation in den Fibeln, die deshalb auch ABC-Büchlein genannt wurden, Merkhilfen in Form von akrophonischen Laut-Bild-Zuordnungen (A wie Adler, B wie Bär) oder Merkversen wie in Wilhelm Buschs *Naturgeschichtlichem Alphabet für größere Kinder und solche, die es werden wollen*, denen entsprechende Bilder beigegeben sind:

Im Ameishaufen wimmelt es,   Die Biene ist ein fleißig Tier,
der Aff isst nie Verschimmeltes.   dem Bären kommt dies g'spaßig für.

In modernen Schulen machen die Kinder die Verse dann selbst:[46]

> A heißt mein Affe,
> das ärgert die Giraffe;
>
> B heißt mein Bär,
> der hat es manchmal schwer
>
> ...

> P heißt mein Po,
> der schaut in das Klo

Die Laut-Buchstaben-Beziehungen werden über die kanonische Reihenfolge der Buchstaben in Verbindung mit dem akrophonischen Prinzip hergestellt, weswegen z.B. Verse für C oder Y bei Kindern Mangelware bleiben – auch in Wilhelm Buschs Alphabet fehlen Verse für X und Y.

---

46 Ein Beispiel unter vielen im Internet gefundenen (www.grundschule-kissing.de). Sammlungen von ABC-Versen u.a. in Belke (2007: 41ff).

Ein anderer Typus von ABC-Gedicht bringt die Alphabetreihe in einen rhythmisch-reimenden Zusammenhang, am bekanntesten wohl und auch zu singen:

> ABCDEFG
> HIJKLMNOP
> QRSTUVW
> XYZ – juchhe,
> das ist das ganze ABC.[47]

Das Prinzip kann auch verändert werden: Möglichst viele Exemplare mit dem Anfangs-buchstaben werden versammelt wie im Arche-Noah-ABC von James Krüss, wodurch die Alphabetreihe Merkhilfe für Tiernamen wird:

> Als die Arche war gebaut,
> hat sich Noah angeschaut,
> welche Tiere kamen.
> Auf ein langes Zedernbrett
> schrieb er dann von A bis Zett
> alle ihre Namen:
>
> Affe, Ammer, Alk und Aal,
> Adler aus dem Zugspitztal,
> Biber, Bär und Boa,
> Brillenschlange (welch ein Graus),
> Chinalaus, Chinchillamaus,
> so notierte Noah.
>
> Dachs und Drossel, schrieb er forsch,
> Drache, Dromedar und Dorsch,
> Eber, Eule, Erdschwein.
> Und danach trug seine Hand
> Esel, Elch und Elefant
> ebenfalls gelehrt ein …

---

47 In der ersten Zeile sind alle Buchstabennamen lang zu sprechen, in der zweiten Zeile die Buchstaben nach K kurz; in der vorletzten Zeilen muss der Name Ypsilon formwidrig auf der zweiten Silbe betont werden, damit die Zeile gesungen werden kann.

In solchen Versen ist die Alphabetreihe nur noch Anordnungsprinzip und dient einem anderen Zweck, nämlich Ordnung zu schaffen. Im vorliegenden Fall wird alles, was unter den Begriff „Tier" fällt, (arbiträr) geordnet nach dem Anfangsbuchstaben; es handelt sich sozusagen um das umgekehrte Verweisprinzip, wie in dem beliebten „Stadt, Land, Fluss"

Der feste Status der Folge der Buchstaben wird seit langem auch literarisch verwendet, schon in den in akrostichischen Psalmen 111, 112 und anderen, deren Zeilenanfänge der hebräischen Alphabetreihe folgen (für weitere Beispiele vgl. Küster 2006: 171ff). Auch die jüngste Vergangenheit kennt Beispiele. Brechts *Alfabet* ist nicht nur an Kinder adressiert:

> Adolf Hitler, dem sein Bart
> ist von ganz besonderer Art.
> Kinder, da ist etwas faul:
> ein so kleiner Bart und so ein großes Maul!

> Balthasar war ein Bürstenbinder,
> der hatte 27 Kinder,
> die banden alle Bürsten.
> Sie lebten nicht wie Fürsten. ...

Die alphabetische Anordnung dient nicht der Memorierung der Reihe, sondern ist ein Gestaltungsprinzip, wobei die Folge von A bis Z das Exemplarische des Gedichts betont

4   Erwerb des Umgangs mit der Alphabetreihe

4.1 Das Problem

In neueren Lehrgängen für den Schriftspracherwerb spielt das ABC keine solche Rolle mehr. Die Anlauttabellen der meisten modernen Fibeln organisieren die Laut-Buchstaben-Zuordnungen nach phonetischen Motiven; allerdings wird das Organisationsprinzip der Tabelle in der Regel den Schülern nicht erläutert. Mutmaßlich hat das damit zu tun, dass in unserer Gesellschaft die Buchstabenformen den meisten Kindern einfach als Merkmale ihrer Umgebung bereits vertraut sind. Zudem scheint das Erlernen der Alphabetreihe die meisten Kinder vor keine allzu großen Probleme zu stellen. Viele können das ABC schon aufsagen, wenn sie in die Schule kommen, oft ohne die phonographische Funktion der Buchstaben zu kennen. Dagegen ist das Erlernen der Alphabetschrift ein lang andauernder Prozess, der vielen Kindern erhebliche Schwierigkeiten bereitet – manche schaffen es nie. Die Forschungen zum Schriftspracherwerb der letzten 30 Jahre haben eine Reihe von Erkenntnissen über die Struktur des Erwerbsprozesses sowie über die adäquate didaktische Begleitung des Erwerbsprozesses erbracht; dies soll hier nicht im Einzelnen dargestellt werden, vgl. z.B. Günther (2000, wieder abgedruckt in diesem Band), Füssenich & Löffler (2005), u.a.m. Zentral ist die Beobachtung, dass Kinder nach diffusen Anfängen das Prinzip begreifen müssen, dass Buchstaben irgendwie mit Aspekten der Lautsprache zusammenhängen, d.h. dass unsere Schrift Bedeutungen nicht direkt repräsentiert, und dann verstehen lernen müssen, dass die meisten Abweichungen von einer direkten Repräsentation (z.B. im Sinne des IPA) regelhaft sind. Kinder durchlaufen beim Erwerb der deutschen Schriftsprache eine Phase, in der sie versuchen, die Buchstaben in einer Art Transkription zu verwenden (phonographisches Schreiben), die einschlägige Literatur liefert eindrucksvolle Beispiele. Es gilt als gesichert, dass diese Strategie im Verlaufe des Schriftspracherwerbs nicht übersprungen werden kann und dass eine adäquate Rechtschreibdidaktik die orthographischen Besonderheiten (silbisches und morphematisches Prinzip) aus dem phonographischen Können der Kinder entwickeln muss (vgl. meinen Beitrag zu Rechtschreibstrategien in diesem Band).

Gleichzeitig wird aber von den meisten Grundschullehrerinnen eine möglichst frühe und umfassende Einführung in die Technik des Nachschlagens gefordert, d.h. des Umgangs mit alphabetisch sortierten Listen. Praktisch alle Sprachbücher für die zweite Klasse positionieren das ABC mit Übungen zum Sortieren und Nachschlagen in einem der ersten Kapitel und führen dabei auch sofort die Berücksichtigung des zweiten und dritten Buchstabens ein. Wie oben demonstriert, ist die alphabetische Sortierung einer Wortliste nicht lautorientiert – die meisten Kinder befinden sich zu Beginn des zweiten Schuljahres aber noch mehr oder weniger vollständig in der phonographischen Phase des Schriftspracherwerbs! Das Dilemma ist offensichtlich: Den Kinder, die sich gerade das phonographische Prinzip aneignen, wird ein Hilfsmittel empfohlen, dessen Organisationsstruktur gerade nicht phonographisch ist!

4.2 Das Lernen des Umgangs mit der Alphabetreihe: Die herrschende Praxis[48]

In der Grundschule wird dem Lernen des ABCs und der Technik des Nachschlagens in den Lehrplänen, in den Handreichungen der Sprachbücher und auch im Selbstverständnis der Lehrerinnen große Bedeutung zugemessen, was in einem auffälligen Gegensatz steht zur „unzureichenden und mangelhaften Praxis der Wörterbuchbenutzung in Schule und Unterricht" (Kühn 1998: 1). In einer gerade bei mir angefertigten Examensarbeit

---

48 Nachschlagaufgaben in Sprachbüchern listet kommentiert Ulrich (1978).

notiert die Kandidatin zum Stellenwert von ABC und Wörterbucharbeit in einer vierten Grundschulklasse, in der sie ihre Untersuchungen durchführte (Pietsch 2009: 43): „Der Gebrauch des Wörterbuches … wurde im Fachunterricht laut Aussagen der Lehrerin, die das vierte Schuljahr in den Kursstunden unterrichtet, nicht thematisiert. Vielmehr wurde in Situationen, in denen die Schüler Rechtschreibkontrollen ihrer Arbeiten durchführten oder sich über die Schreibung eines Wortes unsicher waren, auf das Wörterbuch verwiesen. In diesem Zusammenhang gab die Lehrerin Ratschläge wie z.B. „Du musst erst den ersten Buchstaben beachten, dann den zweiten" oder „Wenn du ein Wort bei F nicht finden kannst, wo könnte es sonst noch stehen? … Insgesamt kann man festhalten, dass das Wörterbuch in dieser Klasse lediglich als Werkzeug zur Rechtschreibkontrolle dient. … Den Umgang mit ihm lernte jeder Schüler nebenbei, während er mit anderen Schreibaufträgen beschäftigt war." Diese Beobachtung lässt sich verallgemeinern: Im Gegensatz zur behaupteten Wertschätzung findet systematischer Unterricht zur Wörterbuchbenutzung in der Grundschule kaum statt, zudem bleibt Wörterbuchbenutzung auf Rechtschreibkontrolle beschränkt.

Weiterhin hat trotz des immer noch geläufigen Ausdrucks *ABC-Schützen* die Alphabetreihe in den meisten Lehrwerken für den im Anfangsunterricht der ersten Klasse keinen Platz mehr. Wie schon oben vermerkt, sind die heute in den meisten Grundschulklassen verbreiteten Anlauttabellen nicht alphabetisch, sondern nach phonetischen Gesichtspunkten sortiert;[49] die ABC-Reihe wird so gut wie gar nicht thematisiert. Ein Blick durch eine Reihe neuerer Fibeln zeigt, dass nur in 7 (von 19) betrachteten Fibeln die Alphabetreihe überhaupt (meistens unkommentiert) vorkommt. Dabei beschränken sich drei auf eine einmalige Präsentation der Buchstaben in alphabetischer Reihenfolge. In einer Fibel wird das ABC mit den Bildern der Anlauttabelle, in einer anderen mit ABC-Versen und in einer weiteren mit Beispielwörtern verbunden; Übungen dazu werden nicht vorgeschlagen. Den meisten Platz nimmt die Alphabetreihe im Sprachbuch *Papiertiger* ein. Hier heißt das erste 12-seitige Kapitel *ABC-Namen*, allerdings wird der Begriff ABC nicht erläutert und spielt auch keine Rolle in den Übungen. Später wird

---

49 Ich weiß nicht, ob eine Anlauttabelle unbedingt phonetisch organisiert sein muss. Im Lehrermaterial der Dudenfibel, um ein Beispiel zu nennen, wird die phonetische Anordnung ausführlich begründet (S. 12f): Die Vokale sind oben im Hufeisenbogen angeordnet, darunter Umlaute und Diphthonge, dann folgen die Konsonanten „soweit wie möglich nach Schallfülle" sortiert; die nicht in das Schema passenden Fälle C, Qu, V, X, Y, St, Sp, Äu, ie, ng, ß werden unter dem Hufeisen platziert. Die Einführung der Buchstaben in der Fibel aber folgt (sinnvollerweise) anderen Prinzipien, nicht dieser Anordnung. Ich bin davon überzeugt, dass die wenigsten Lehrerinnen die Logik einer solchen phonetisch motivierten Anordnung der Anlauttabelle als Stütze ihres Unterrichts verstehen – von den Schülern gar nicht zu reden. Wenn die phonetische Organisation aber keinen didaktischen Nährwert hat, warum dann die Anlauttabelle nicht gleich nach der Alphabetreihe ordnen?

unkommetiert auf einer mehr oder weniger passenden Doppelseite das gesamte ABC präsentiert; als Aufgabe wird vorgeschlagen, die Anlautbilder dazu suchen zu lassen. Im zweitletzten Kapitel schließlich gibt es eine Doppelseite zum Thema „Alphabet", in dem die Reihenfolge der 26 Buchstaben erwähnt wird sowie die Tatsache, dass es auch andere Alphabete und Schriften gibt – über das Lernen dieser Tatsachen hinausgehende Übungen werden nicht angeboten.

Es liegt nahe anzunehmen, dass diese Vernachlässigung der Alphabetreihe in der ersten Grundschulklasse didaktisch motiviert ist – weder in einem Konzept des (phonographischen) Schreibens von Anfang an noch in einem analytisch-synthetischen Ansatz, in dem Buchstaben sukzessive eingeführt werden, ist das Erlernen einer kanonischen Abfolge der Schriftzeichen funktional begründbar. Die Alphabetreihe als solche wird erst in der zweiten Klasse zum Lerngegenstand; die meisten Sprachbücher widmen dem Thema eines der ersten Kapitel. Ich kann das am Beispiel des von mir herausgegebenen Duden Sprachbuchs 2 illustrieren. Zuerst werden auf der Doppelseite 6-7, die oben zweimal die Alphabetreihe zeigt (links große, rechts kleine Buchstaben), Spiele zum Lernen/Wiederholen des ABCs angeboten. Auf der nächsten Seite gibt es zunächst einen Merkvers wie den oben abgedruckten („ABCD Lexi juckt der Zeh, …") und verschiedene Übungen zum Einprägen und Abrufen der Alphabetreihe. Auf Seite 9 werden Wörter (zuerst Namen) nach dem ersten Buchstaben alphabetisch sortiert, anschließend wird die Arbeitstechnik erläutert, wie man Wörter in der nach dem ABC geordneten Wörterliste am Ende des Buches findet. Auf den drei Folgeseiten wendet sich das Buch anderen Themen zu, auf der abschließenden Übungsseite stehen aber Sortieren und Nachschlagen wieder im Vordergrund. Die Arbeitstechnik des Nachschlagens wird im Glossar wiederholt mit dem Zusatz, dass die meisten Wörter in der Wörterliste und im Wörterbuch nur in der Grundform stehen; dieser Begriff wurde S. 54 passim im Zusammenhang mit der Verbkonjugation eingeführt. Nachschlagen wird weder in diesem noch in den Büchern für die dritte und vierte Klasse noch einmal systematisch thematisiert; alle drei Bände und Arbeitshefte bieten aber immer wieder Nachschlageaufgaben an, die anlassgebunden verschiedene Zwecke des Nachschlagens über die Rechtschreibprüfung hinaus thematisieren, also z.B. mit Hilfe der Wörterliste oder eines Wörterbuches Grundformen bilden, Nomen finden, den richtigen Artikel herausfinden, Wörter mit Q suchen usw. Wahrscheinlich sind Nachschlageaufgaben im Duden-Sprachbuch nicht zuletzt aufgrund des Verlags häufiger als in anderen Sprachbüchern zu finden; insgesamt aber entspricht die Verfahrensweise hier und anderswo dem obigen Zitat: Alphabetisches Sortieren und Nachschlagen übt man am besten nebenher und nicht systematisch.

4.3 Grundüberlegungen zu einer verbesserten ABC-Didaktik

Ich möchte abschließend einige didaktische Vorschläge formulieren, wie die Effizienz alphabetischen Nachschlagens gefördert werden kann; dabei beziehe ich mich zwar primär auf die Grundschule, die Grundgedanken lassen sich aber auch auf Förderschulen oder den Förderunterricht in der Hauptschule übertragen.

4.3.1 Phonographie und ABC

In den ersten Abschnitten dieses Aufsatzes wurde gezeigt, dass alphabetisches Sortieren den phonographischen Aspekt der Alphabetschrift in dem Sinne ausblendet, dass die Position eines Wortes im alphabetisch sortierten Wörterbuch nicht durch seine lautlichen Eigenschaften bestimmt ist. Es kann deshalb in einem phonographisch orientierten Schriftspracherwerbslehrgang nicht davon ausgegangen werden, dass sich das alphabetische Sortieren und Nachschlagen quasi automatisch aus hinreichenden phonographischen Fähigkeiten plus Lernen der Alphabetreihe ergibt.[50] Interessanterweise tragen die oben genannten Fibeln, die das ABC enthalten, diesem Umstand dadurch Rechnung, dass nur solche Beispiele angeführt werden, in denen der Platz des Wortes oder Namens in der Alphabetreihe durch den Initialbuchstaben bestimmbar ist. Es ist in diesem Zusammenhang sehr sinnvoll, die ABC-Reihe sozusagen als Umorganisation der Anlauttabelle mit den entsprechenden Bildern zu präsentieren, wie dies in der Duden-Fibel geschieht.[51] Zu lernen ist, als erster Schritt der Nachschlagetechnik, die Reihenfolge der Buchstaben in der Alphabetreihe und ihre Exemplifikation am Initialbuchstaben; dieser Schritt muss nicht gleich mit den folgenden kombiniert werden.

---

50 Basierend auf der Literatur (bes. Daly 1967) wird in Günther (1996a) beschrieben, dass absolutes alphabetisches Sortieren eine historisch vergleichsweise junge Erscheinung ist, was etwas mit dem dominierenden Lautbezug beim Lesen bis in die späte Neuzeit hinein zu tun hat; alphabetisches Sortieren über den Anfangsbuchstaben hinaus setzt ein aphonetisches Verständnis von Buchstaben voraus, weil diese im modernen Sortierverfahren quasi als Ziffern benutzt werden. Ohne einer Gleichsetzung von Phylogenese und Ontogenese das Wort reden zu wollen, halte ich diesen Sachverhalt für einen guten Grund, das Verstehen des absoluten alphabetischen Sortierens nicht für eine einfache Angelegenheit zu halten, die man im Unterricht nebenbei behandeln kann.

51 Ärgerlicherweise fehlt im Arbeitsheft zur Duden-Fibel die Anlauttabelle in alphabetischer Sortierung.

4.3.2 Struktur des ABCs

In allen Sprachbüchern sind Übungen zu finden, in denen es darum geht, den alphabetischen Vorgänger oder Nachfolger eines Buchstabens oder einer Buchstabenfolge zu bestimmen. Solche Übungen sind hilfreich für das Festigen der Alphabetreihe. Sie sind aber nur bedingt wirksam, wenn es darum geht, die ungefähre Position eines Buchstaben in der Alphabetreihe zu bestimmen. In allen Sprachbüchern wird als Hilfe für das Nachschlagen der Tipp gegeben, zunächst die ungefähre Position des Anfangsbuchstabens im Alphabet zu bestimmen – Übungen dazu fehlen in der Regel. Die Alphabetreihe als solche gibt aber dazu keine Hinweise – sie ist ja völlig unstrukturiert. Insofern handeln Schüler zunächst einmal richtig, wenn sie bei entsprechenden Suchaufgaben das ABC (teilweise laut) durchschnurren, bis sie beim entsprechenden Buchstaben sind. Auch Erwachsene haben Probleme mit der Aufgabe, einen Buchstaben in einem Quartil der Alphabetreihe treffsicher zu verorten – man probiere es spontan mit G, K, N oder R. Viel eher haben sie eine Vorstellung, in welcher Nachbarschaft der Buchstabe im ABC liegt, was davor und was danach kommt. In einer Reihe von Sprachbüchern werden entsprechende Übungen anhand von Namenslisten der Klasse durchgeführt, was eine gute funktionale Anbindung ist. Hier wird die Aufteilung des ABCs an Beispielen festgemacht und nicht an einer abstrakten Listenkategorisierung „vorne – Mitte – hinten".[52]

4.3.3 Buchstabennamen

Es ist eine alte Streitfrage der Erstlesedidaktik, ob man Kindern mit den Namen der Buchstaben vertraut machen soll (AA- BEE - CEE - DEE - EE - EFF) oder nicht. Ich glaube, dass die vorstehenden Überlegungen zeigen, dass man Kindern nicht hilft, wenn man ihnen die Buchstabennamen vorenthält. Es handelt sich für Namen von Entitäten, die ihrerseits eine Funktion haben, nämlich, auf Laute zu verweisen. Sie sind aber nicht diese Laute, sondern bestenfalls so etwas wie Zeichen für Laute. Es will mir scheinen, als ist die Furcht vieler Lehrerinnen vor den Buchstabennamen ein Erbe aus der Zeit des Streits um die Buchstabiermethode. Ganz gewiss soll man nicht mit den Buchstabennamen den Lautwert erklären - aber man hat mit den Namen ein Mittel, über Buchstaben zu reden. Der Umgang mit den Buchstabennamen erleichtert auch den späteren Umgang mit dem ABC.

---

52 Es ist allerdings denkbar, dass es hier unterschiedliche Lerner- und Anwendertypen gibt; empirische Untersuchungen dazu sind mir nicht bekannt.

4.3.4   Wörter aus Buchstaben zusammensetzen

Die Fähigkeit, Wörter unabhängig von ihrer Bedeutung und Lautung zu betrachten, gilt im sinnträchtigen deutschen Bildungssystem leider nur wenig. Sie ist aber eine Grundvoraussetzung für die Fähigkeit, alphabetisch zu sortieren und alphabetische Listen zu konsultieren. Wenn man den Erwerb dieser Fähigkeit nicht erst in das späte dritte Schuljahr verlegen möchte, in dem die meisten Kinder von der phonographischen zur grammatischen Strategie gewechselt sind, wird man nicht umhin können, die nicht-phonographische Struktur alphabetischer Listen vorzubereiten. Eine gute Möglichkeit dazu bieten Übungen mit verwürfelten Buchstaben.[53] Man sollte solche Übungen so früh wie möglich anbieten, weil sie einen vom phonographischen Curriculum unabhängigen und dieses auch nicht störenden Weg weisen, schriftliche Wortstrukturen unabhängig vom Lautbezug in den Blick zu nehmen. Es bieten sich gängige Wörter mit 4-5 Buchstaben an (EELS – Esel, EENT – Ente, BELMU – Blume, usw.) – am Anfang oder bei längeren Wörtern mit Bildhilfe, rasch aber auch ohne.[54] Sinn solcher Übungen ist es, auch die Links-Rechts-Organisation der Buchstaben im Wort zu verinnerlichen, was dann zur Basis der Anweisung „beachte auch den zweiten, dritten usw. Buchstaben" werden kann. Auch in einem silbenbasierten Ansatz können solche Übungen angeboten werden – auch hier muss ja gelernt werden, dass die phonographische Strategie auf Grenzen stößt. Bedingung ist natürlich immer, dass es sich um Wörter handelt, die den Kindern vertraut sind. Funktional lassen sich solche Übungen an Aufgaben mit Geheimschriften, unvollständigen Wörtern etc. anlehnen. Solche Übungen sollten zudem im Zusammenhang mit Buchstabierübungen angeboten werden.

4.3.5   Buchstabieren

In Frankreich, England und den USA wird das Buchstabieren von Wörtern als eine wesentliche zu erwerbende Kompetenz angesehen. Spelling Contests finden finden in regelmäßigen Abständen statt, und zwar nicht nur in der Grundschule (vgl. www. spellingbee.com). Denn Buchstabieren ist eine sehr praktische Übung. Neben der vordergründigen Funktion der Festigung der Rechtschreibfähigkeiten werden Schüler in Buchstabierübungen gezwungen, mit Wörtern unabhängig von ihrer Lautung und ihrer Bedeutung umzugehen, d.h. metasprachlich zu handeln. Es muss sich dabei vor allem

---

53 Als begeisterter Scrabblespieler nenne ich solche Aufgaben viel lieber nach dem bekannten Brettspiel Scrabbleaufgaben: Ziel der Aufgaben ist es, aus einer Menge von Buchstaben möglichst viele und/oder lange Wörter zu bilden.

54 Hier ist allerdings Aufmerksamkeit angebracht. Während gute Leser solche Aufgaben schätzen, mögen gerade Kinder mit Leselernschwierigkeiten solche Aufgaben gar nicht. Das scheint mir darauf hinzudeuten, dass solche Aufgaben an einen sehr sensiblen Punkt rühren.

in anfänglichen Übungen nicht sofort um rechtschreibschwierige Merkwörter handeln; als Vorübung des alphabetischen Sortierens und Nachschlagens geht es ja primär darum, das Wort als eine Abfolge von diskreten Einheiten mit festen Positionen aufzufassen und die Einheiten in den einzelnen Positionen richtig zu benennen.

4.3.6 Wörter nicht nur nach dem Initialbuchstaben sortieren und finden

Ich denke, dass erst nach solchen intensiven Vorübungen das Prinzip der absoluten alphabetischen Sortierung gelernt werden kann, auch den zweiten, dritten usw. Buchstaben zu berücksichtigen. Auch hier sollten Sortieraufgaben und Lokalisierungsaufgaben nebeneinander stehen. Vorgegebene Visualisierungen von Alphabetstrecken mit gleichem Initialbuchstaben und Kenntlichmachung der je identischen Folgebuchstaben (z.B. durch Einfärbung) können hier hilfreich sein, auch zum Verstehen von lexikalischen Markierungen wie Kopfwörtern, Griffleiste o.ä. Es kommt ja darauf an, mit Buchstabenfolgen ohne ihren Lautbezug umzugehen; denkbar ist deswegen auch die Arbeit mit Pseudowörtern oder sogar nicht aussprechbaren Buchstabenfolgen. Man bedenke dabei, dass in verschiedensten Kontexten, z.B. auch bestimmten Texten oder Tabellen, alphabetische Sortierverfahren verwendet werden, die nicht auf den ersten Blick als solche erkennbar sind.

4.3.7 Wörterbuchdidaktik

In den Seminaren zu Wörterbüchern, die ich seit einigen Jahren regelmäßig abhalte, konnte ich immer wieder feststellen, dass die in Wörterbüchern schlummernden Potenzen den meisten angehenden Lehrerinnen nicht zuletzt deswegen völlig neu sind, weil sie in der Technik der Benutzung von Wörterbüchern offenbar unerfahren sind. Es ist erschreckend, wie nachgerade blind Studenten des Faches Deutsch in den ersten Seminarsitzungen bei Suchaufgaben in den angebotenen Wörterbüchern herumstochern! Das ist m.E. ganz wesentlich darauf zurückzuführen, dass sie die Praxis der Wörterbuchbenutzung nie systematisch gelernt haben – nie geübt haben, das ABC effizient zu nutzen. Wenn man aber ein Werkzeug – und Wörterbücher sind Werkzeuge – nicht nutzen kann, lässt man es links liegen.

Zur Ausbildung kompetenter Nachschlagefähigkeit gehört aber neben den in diesem Aufsatz diskutierten Fähigkeiten im Umgang mit dem ABC das Wissen darum, was man mit einem Wörterbuch alles machen kann – eben nicht nur die Rechtschreibung überprüfen, sondern auch und vor allem um Informationen finden, ihren Verbindungen zu anderen nachgehen, ein eigenes Wissensnetz aufzubauen, das hinter der alphabetischen Anordnung verborgen liegt. Zur Förderung dieser eigentlichen Nachschlagefähigkeit sind in verschiedenen Publikationen (z.B. Kühn 1978, Lindauer 1978, Baurmann, Eisenberg & Kempcke 2001) Ideen entwickelt worden. Ähnlich wie in den obigen Überlegungen schlägt Kühn (1978: 9f) einen ABC-übenden Vorkurs vor, getrennt in Übungen zur graphematischen Strukturauffassung und ihrer Anwendung auf Wortlisten, anschließend eine Wörterbuchpropädeutik, in der Kenntnisse über Wörterbuchstrukturen erworben werden, bis dann Wörterbuchbenutzung regelmäßig und systematisch in den Unterricht eingebunden wird. Baurmann et. al. (2001) weisen im Anschluss an Kühn (1978), Lindauer (1978) und andere darauf hin, dass Nachschlagen über die in der Schulpraxis übliche weitgehende Reduktion auf Rechtschreibkontrolle auch in allen anderen Lernbereichen integriert werden kann und muss. Im Bereich der Textproduktion helfen Wörterbücher, die richtige Wort- und Ausdruckswahl zu sichern, indem die Schülerin sich in einem Wörterbuch über Bedeutung, Gebrauchsweise und Stillage informiert, wobei dies alle Stadien der Textproduktion (Planung, Formulierung und Revision) betreffen kann. Analoges gilt für die Sprachrezeption: Insbesondere in Lernsituationen ist es nahezu unvermeidlich, dass der Wortschatz der Lehrenden oder der zu lesende Text Ausdrücke enthält, die die Lernenden nicht oder nicht in dieser Verwendung kennen. Hier gehört es zu den Aufgaben der Lehrerin, Sensibilität für solche Situationen des Nicht- oder Falschverstehens zu wecken. Vielleicht am fruchtbarsten kann Wörterbucharbeit im Lernbereich *Reflexion über Sprache* werden (Lindauer 1978), weil ja schon das Nachschlagen selbst Reflexion über Sprache ist: Man schlägt ein Wort nach, weil man etwas über das Wort wissen will. Die mannigfachen Informationen, die schon in einem orthographischen Wörterbuch wie dem Rechtschreibduden gegeben werden, sind ohne Sprachreflexion kaum zu verstehen – ich schlage den Duden auf und sehe:

> **Le|xi|kon**, das; -s, *Plur.* ...ka, *auch* ...ken
> (alphabetisch geordnetes Nachschlagewerk; *auch für* Wörterbuch)

Zum Verstehen muss man nicht nur die lexikographischen Konventionen kennen, sondern auch die Begriffe: Da steht der Artikel, die Pluralbildung, die Bedeutung usw. – und dies ist nur ein einfaches Beispiel!

5   Schlussbemerkung

Im Editorial zum Themenheft *Nachschlagen und Informieren* der Zeitschrift *Grundschule* räsonniert Erika Brinkmann (2007) anlässlich einer Autorinnenanfrage darüber, warum Nachschlagenkönnen eigentlich noch wichtig sei angesichts von Internet, Handy, Navi usw. In bekannter deutscher Bildungstradition wird dann argumentiert, dass es hilfreich sei, „die Struktur dieser Systeme zu kennen". Erstens glaube ich das nicht – ich fahre seit 45 Jahren Auto, ohne das Geringste über Kardanwellen, Getriebe und Zündungsmechanismen zu wissen, benutze ebenso naiv den Computer, auf dem ich dieses schreibe, usw. – aber zweitens ist die Denkrichtung falsch. Das ABC (nicht: die Alphabetschrift) lernt man nicht, um gezielt Informationen nachschlagen zu können – das ABC lernt man, um sich die digitale Natur der Zweitsprache Schrift einzuverleiben und sich damit das Wissen über die Welt in einer ganz anderen Form zugänglich machen zu können: als Netz von miteinander verbundenen, vielfach auch widersprüchlichen Informationen. Man lernt es, um die Welt in einer Weise zu begreifen, wie sie sich selbst nicht darbietet. Adam und Eva, die Sumerer und auch die Kirchenväter konnten das nicht. Das „geordnete Weltbild" ist ein schriftliches, von Menschen gemachtes, auf höchst geniale Weise mit Hilfe des ABCs erfahrbares, organisiertes Netz – und darin sollen sich Kinder zurechtfinden lernen.

6 Literatur

Baurmann, Jürgen; Eisenberg, Peter & Kempcke, Günter. 2001. *Wörterbücher und ihre Nutzung.* Praxis Deutsch 165, 4-13.

Belke, Gerlind. 2007. *Mit Sprache(n) spielen.* Hohengehren: Schneider.

Brinkmann, Erika. 2007. *Nachschlagen & Informieren – Editorial.* Gundschule 16/2007, 4.

Daly, Lloyd W. (1967). *Contributions to a history of alphabetization in antiquity and the Middle Ages.* Brüssel: Collection Latomus Bd. 90.

Derrida, Jacques. 1967, *De la grammatologie,* Paris: Minuit.

Gelb, I. 1963. *A Study of Writing.* Chicago: UP.

Füssenich, Iris & Löffler, Cordula. 2005. *Schriftspracherwerb.* München: Reinhardt.

Günther, Hartmut. 1996. *Schrift als Zahlen- und Ordnungssystem.* In: Günther & Ludwig et al. (ed.), 1568-1583.

Günther, Hartmut. 1996. *Von A bis Z - Aspekte alphabetischen Sortierens.* Sprachreport 3/96, 5-6. (abgedruckt in diesem Band).

Günther, Hartmut. 2000. *Strukturen des Schriftspracherwerbs.* In: R.P. Gorbach (Hrg.), Lesen - Erkennen. Ein Symposium der Typographischen Gesellschaft München. München: Typographische Gesellschaft, 101-118. (abgedruckt in diesem Band).

Günther, Hartmut. 2005-2007. (Hrg.). Duden-Sprachbuch 2-4 (Schülerbuch, Arbeitsheft, Lehrermaterial). Frankfurt: Duden-Paetec.

Günther, Hartmut. 2009. *Alphabetschrift und Alphabetreihe – Entwicklung und Aneignung.* In: E. Birk & J.G. Schneider (Hrg.), Philosophie der Schrift – Festschrift für Christian Stetter. Tübingen: Niemeyer, 27-41.

Günther, Hartmut; Ludwig, Otto et al. (ed.). 1994/1996. *Schrift und Schriftlichkeit. Ein interdisziplinäres Handbuch internationaler Forschung.* Berlin: de Gruyter.

Kühn, Peter. 1978. *Positionen und Perspektiven der Wörterbuchdidaktik und Wörterbucharbeit im Deutschen.* Lexikographica 14, 1-13.

Küster, Marc W. 2006. *Geordnetes Weltbild – Die Tradition des alphabetischen Sortierens von der Keilschrift bis zur EDV.* Tübingen: Niemeyer.

Lindauer, Thomas. 1978. *Wörterbucharbeit und Sprachreflexion.* Lexikographica 14, 129-137.

Pietsch, Kerstin. 2009. *Untersuchungen zum Wörterbuchgebrauch in der Grundschule.* Examensarbeit Köln.

Stetter, Christian. 2007. *Alphabetschrift und Sprache.* Deutsche Zeitschrift für Philosophie, 55, 97 – 110.

Topsch, Wilhelm. 2003. *Geschichte der Didaktik des Lesens.* In: U. Bredel; H. Günther; P. Klotz; J. Ossner & G. Siebert-Ott, Didaktik der deutschen Sprache . Paderborn: Schöningh, 501-512.

Tropper, Josef. 1994. *Die nordwestsemitischen Schriften.* In: Günther & Ludwig, 267-306.

Ulrich, Winfried. 1978. *Positionen und Perspektiven der Wörterbuchdidaktik in den Sprachbüchern Deutsch.* Lexikographica 14, 148-162.

Watt, William C. 1989. *The Ras Shamra Matrix.* Semiotica 74, 61-108.

Deutsche Schulgrammatik im 19. Jahrhundert[55]

Dem Andenken von Peter F. Ganz

1 Die Situation zu Beginn des Jahrhunderts

Herrschend und unangefochten war zu Beginn des 19. Jahrhunderts in Deutschland ein Grammatikbetrieb nach den Vorstellungen von Johann Christoph Adelung (1782), die der Aufklärung verpflichtet sind. Für ihn sind alle Sprachregeln nur Erfahrungssätze, die immer wieder durch sprachliche Beispiele überprüft werden müssen, da die Sprache veränderlich ist. Den Aufbau seiner Grammatik lehnte Adelung jedoch eng an den der lateinischen an; ihr entnahm er auch die Kategorien und übertrug sie aufs Deutsche. Das heißt, die Kategorien wurden nicht aus der Analyse der Sprache gewonnen, sondern waren durch die Tradition der lateinischen Grammatik vorgegeben, auch sprachliche Veränderungen mussten mit diesen Kategorien erfasst werden. Die Grammatik bestand aus als zahllosen Regeln, deren Richtigkeit stets anhand des Sprachgebrauchs überprüfbar sein sollte. „Sprachgebrauch" findet Adelung repräsentiert in den besten Dichtern der jeweiligen Zeit – zu den vortrefflichsten Dichter seiner Zeit zählten für ihn etwa Gleim und Hagedorn, nicht aber z.B. Klopstock, Lessing oder der junge Goethe.

In der Wissenschaft war dieser Grammatikbetrieb der Schlusspunkt einer langen Entwicklung des 16. und 17. Jahrhunderts; es war ja lange Zeit gar nicht selbstverständlich

---

55 Der vorliegende Beitrag basiert auf einer Seminararbeit, die ich im Rahmen eines Hauptseminars zum Thema *Die deutsche Sprache im 19. Jahrhundert* (Leitung Peter F. Ganz) 1970 in München geschrieben habe und das eines der aufregendsten Ereignisse meines Studiums war. Da ich das Papier unvorsichtigerweise aus der Hand gegeben habe und es daraufhin zitiert wurde, soll es denn auch in zitierfähiger Form erscheinen. Der Text wurde dazu sprachlich und inhaltlich leicht überarbeitet.

gewesen, dass es eine deutsche Grammatik geben könne oder müsse, und ebenso wenig war klar, welche empirische Basis eine solche Grammatik haben müsse.

Adelungs wissenschaftlicher Ansatz musste bereits in den zwanziger Jahren des 19. Jahrhunderts der historischen Richtung, begründet durch J. Grimm, weichen. Anders stand es in der Schulgrammatik. Zu Adelungs Zeiten bestand hier ja durchaus eine Einheit; eine von Adelungs beiden Schulgrammatiken nannte er selbst *Auszug aus der deutschen Sprachlehre* (1792). Diese Grammatik war eine drastische Reduktion seines zweibändigen und ca. 1700 Seiten starken Werkes *Umständliches Lehrgebäude der deutschen Sprachlehre zur Erläuterung der deutschen Sprachlehre für Schulen* auf eine Grundmenge von Regelsätzen ohne jeglichen didaktischen Erklärungsansatz - Regel, Beispiel, Regel, Beispiel ...

In der Schule blieb Adelungs Methode lange gültig, in Ansätzen bis heute. Oberste Richtschnur war das Regelprinzip, und das bewirkte, dass eine deutsche Schulgrammatik, obwohl für den Unterricht in der Muttersprache bestimmt, aussah wie eine fremdsprachliche Schulgrammatik; es kommt hinzu, dass die deutsche Schulgrammatik durch den Anschluss des Unterrichts im Deutschen an den Lateinunterricht stark fremdbestimmt war. Hierzu zwei Zitate:

> Der Verfasser versucht, die Forderungen, welche man an eine gute lateinische Schulgrammatik macht, auch bei der Bearbeitung seiner Lehrbücher der deutschen Sprache stets zu befriedigen. (Heyse 1847, S. III (Vorwort zur 8. Auflage)

> [Es ist Aufgabe der Grammatik bzw. des Sprachlehrers,] „das System der Wort- und Satzformen im Zusammenhang darzustellen, den schwankenden Sprachgebrauch nach festem Grundsatz zu regeln und aus den trefflichen Meisterwerken der Deutschen die Erkenntnislehre eines richtigen und schönen Ausdrucks in Reden und Schreiben zu bilden. (Heyse 1847, 15)

Bestes Beispiel für diese Art von Schulgrammatik ist die von Heinsius (1817); sie ist ein starrer Regelapparat, der den Eindruck erweckt, als gebe es die Sprache nur, um diesem System zu genügen. Nach jedem Kapitel folgen Fragen, die pedantisch den durchgenommenen Stoff abfragen. So schließen sich an das erste Kapitel die Fragen: „Was weißt du mir über die Buchstaben *c, x, w, y* zu sagen?" Bei Heyse finden sich z.B. zu Präpositionen Merkverse wie aus dem Lateinunterricht: „Bei *durch, für, ohne, um,* auch *sonder, gegen, wider,* schreib stets den Akkusativ und nie den Dativ nieder". Dies war auch die Art, wie mit der Grammatik gearbeitet wurde. Nach dem Lehrplan eines Greifswalder Gymnasiums (vgl. Matthias 1907, 281) bestand der Grammatikunterricht im Deutschen darin, dass bis zur Obertertia Paragraph für Paragraph auswendig gelernt und abgefragt wurde. Wesentlich in diesem Grammatikunterricht waren die grammatischen Begriffe; der Sprachstoff, an dem sie realisiert wurden, spielte praktisch keine Rolle (vgl. Erlinger 1969, 114).

2 Die Vorstellungen von Jakob Grimm

Gegen die Konzeption einer wissenschaftlichen Grammatik im Sinne der Aufklärung wie bei Adelung wandte sich Jakob Grimm. Im Vorwort zur ersten Auflage seiner deutschen Grammatik[56] beschreibt er sein Ziel, „einmal aufzustellen, dass auch in der Grammatik die Unverletzlichkeit und Notwendigkeit der Geschichte anerkannt werden müsse." Grimm sucht nach dem ursprünglichen Wesen der Sprache, seine Methode ist die historische. Grimms Beweismittel sind die Formen. Mit Grammatiken in der Tradition Adelungs kann er nichts anfangen, weil sie nicht historisch sind.

Auf dem Gebiet der Schulgrammatik argumentiert Grimm gegen die herrschende Methode folgendermaßen: Es sei unnötig, die Muttersprache in der Schule eigens zu lehren, da sie sich im Kinde von selbst entwickle; Grimm behauptet sogar, dass durch Grammatikunterricht in der Muttersprache „gerade die freie Entfaltung des Sprachvermögens in den Kindern gestört" wird (S. 30). Kein Dichter, der die Sprache doch am besten beherrsche, ziehe für seine Werke die Grammatik zu Rate; die Dichter des Mittelalters, die z.T. kaum lesen und schreiben konnten, hätten die Grammatik, die damals noch vollkommener als heute gewesen sei, beherrscht, ohne irgendwelche Fehler zu machen und ohne Grammatikunterricht. Ferner seien die adelungschen Regeln ohnehin unzulänglich, da sie nicht historisch sind; daraus ergebe sich, dass sie damit auch für die Schule unbrauchbar seien, da ein historischer Grammatikunterricht in der Schule wenig sinnvoll sei. Grimm schließt diesen Absatz mit den berühmten Worten (S. 32):

> Jeder Deutsche, der sein Deutsch schlecht und recht weiß; d.h. ungelehrt, darf sich, nach dem treffenden Ausdruck eines Franzosen, eine selbsteigene, lebendige Grammatik nennen und füglich alle Sprachmeisterregeln fahren lassen.

Da es keine Grammatik für den Hausgebrauch und die Schule zu geben braucht, ist das Studium der Grammatik immer ein wissenschaftliches. In dieser Form erklärt Grimm auch in der zweiten Auflage seiner deutschen Grammatik seine Äußerungen: er sei lediglich gegen den Grammatikunterricht nach der Art Adelungs in den Elementarschulen; Unterricht auf den höheren Stufen sei durchaus notwendig, aber das könne dann nur ein historischer Unterricht sein. Diese Idee Grimms wurde auf einer Direktorenkon-

---

56 Das Vorwort fehlt in den späteren Ausgaben; es ist wieder abgedruckt in den *Kleineren Schriften.* (s. Literaturverzeichnis).

ferenz von 1831 in Königsberg begeistert aufgenommen; es wurde dort gefordert, für die Oberstufe von einem Wissenschaftler eine Schulgrammatik ausarbeiten zu lassen, die ein Auszug aus der Grimmschen sein sollte. Dies ist aber nie zur Ausführung gekommen (vgl. Matthias 1907, 283f.)

Grimms Gedanken sind von Philipp Wackernagel weiter ausgeführt worden (Wackernagel 1843). Er hält Grammatikunterricht vor dem 4. Schuljahr für sinnlos, denn „bis dahin (ist) weder der Knabe (sic!, HG) selbst noch seine Sprache hinreichend entwickelt, somit ist weder Subjekt noch Objekt der Sprachbetrachtung vorhanden" (ebd., 38f.). Weil sich die Sprache im Menschen von selbst entwickle, brauche man sie nicht aus einer Grammatik zu lernen. Grammatikunterricht mache nur Sinn als Einführung in den Organismus der Sprache, und für Wackernagel wie für Grimm ist der einzige Weg dazu die historische Grammatik, die mit dem Ziel betrieben werden soll, „in jedem Worte das ganze Altertum unseres Volkes zu empfinden" (ebd., 37). Für die Erlernung von Fremdsprachen sei eine normative Grammatik selbstverständlich vonnöten; die Beschäftigung damit lasse dann später dem Lernenden viel klarer die Eigentümlichkeit und Gesetzmäßigkeit der Muttersprache zu Bewusstsein kommen (ebd., 83). Der letztgenannte Gedanke war allgemein anerkannt. So kam es, dass die Ablehnung des Grammatikunterrichts in der Muttersprache für die Elementarklassen durch Grimm von Lehrern und Theoretikern zur Rechtfertigung der alten Form dieses Unterrichts benutzt wurde, der so aussah, dass der Grammatikunterricht im Deutschen durch gelegentliche Bemerkungen beim Durchnehmen der lateinischen Grammatik erfolgen soll. So übernimmt etwa F. Thiersch (1826, 337ff.) Grimms Ansatz, dass die Muttersprache des Kindes sich von selbst entwickle, und fügt hinzu, dass sie dann vollendet ausgebildet werde durch den Grammatikunterricht in den Fremdsprachen; man solle also in den Elementarklassen anhand des neuen Lateins die Eigentümlichkeiten der eigenen Sprache und Grammatik lernen.[57] Einzig die deutsche Orthographie sei in diesen Klassen am Deutschen selbst zu lernen. Später seien die Grammatikkenntnisse vor allem bei Übersetzungsübungen weiter zu vertiefen.

Man darf annehmen, dass dies trotz aller gegenteiligen Bestrebungen die übliche Art des deutschen Grammatikunterrichts in den unteren und mittleren Klassen gewesen ist;

---

57 Dass dies lediglich ein frommer Wunsch ist, ist bekannt. Die Wirkung pflegt im allgemeinen anders zu sein, dass nämlich die Eigentümlichkeit der fremden Sprache in die eigene übernommen werden, wo sie überhaupt nicht hingehören, im vorliegenden Fall vor allem beim Übersetzen aus dem Lateinischen, z.B. wenn es gilt, umfangreiche Partizipialkonstruktionen zu übersetzen.

bis zur Jahrhundertmitte sehen auch die meisten Lehrpläne das vor. Es ist sicher berechtigt, daraus zu schließen, dass eigenständiger Grammatikunterricht im Deutschen damals praktisch überhaupt nicht erteilt wurde.

3 Die Schulgrammatik von Karl Ferdinand Becker

Eine völlig andere Auffassung als Grimm vertrat Karl Ferdinand Becker. Er verstand die Sprache als einen Organismus; sie war für ihn ein Abbild des Denkens, und so erfolgte seine Analyse des *Organism der Sprache* – so der Titel seines theoretischen Hauptwerks (1841) – auf streng logisch-deduktivem Weg, die Historie bleibt unerwähnt. Becker erstellte ein System, das von den Begriffen *Sein* und *Tätigkeit* ausging, welches die Grundkategorien des Denkens seien; sie spiegelten sich in der Sprache als *Subjekt* und *Prädikat*. Jedes von beiden teilt er wieder in ein Gegensatzpaar, sodass man am Schluss der Analyse jedes Glied wieder auf Subjekt oder Prädikat zurückführen konnte.

Becker geht vom Satz aus, und das ist seine grundlegend neue Leistung. Im Satz findet Becker die Verhältnisse der Begriffe zueinander repräsentiert; umgekehrt kann man von den Verhältnissen der Begriffe auf die Form der Aussage schließen. So muss also der „ganze Sprachunterricht zergliedernd (analytisch) sein; … alle Besonderheiten der Begriffe und der Beziehungsverhältnisse muss er aus dem Satz entwickeln."[58] Dieses (neue) analytische Prinzip impliziert nach Beckers Meinung, dass man mit der Analyse eines sprachlichen Gebildes im Grunde genommen Denkstrukturen erfasst.

Becker stand zu seiner Zeit als Vertreter der logischen Grammatik zunächst in ebenso hohem Ansehen wie Grimm, der Vertreter der historischen Grammatik. Dies dauerte allerdings nicht lange. Er wurde von Anfang an von verschiedener Seite scharf angegriffen, vor allem sein logischer Schematismus der ständigen Zweiteilung. So sprach Wackernagel der beckerschen Grammatik die Wissenschaftlichkeit ab, weil sie „nicht vergleichend" sei, weder historisch noch geographisch (Wackernagel 1843, 48). Ferner sei Becker zu rationalistisch; man könne und müsse die Sprache zwar als Organismus betrachten, doch könne man ihn nur erforschen und nicht als Lerngrammatik darstellen, da er historisch sei und man zu seiner Darstellung alles Geschichtswissen besitzen müsse (ebd.).[59]

---

58 Zitiert nach Engelien 1889, 380f.

59 Diesen Topos, dass eine wissenschaftliche Grammatik grundsätzlich nur historisch sein könne, habe ich als Student in München noch 1968 (!) in einer Vorlesung gehört.

Völlig aus der wissenschaftlichen Diskussion verschwand Beckers Ansatz durch das einflussreiche Buch zum Verhältnis von Logik, Psychologie und Grammatik von Heymann Steinthal (1855), in dem Beckers Hauptmängel ausführlich diskutiert wurden (vgl. Glinz 1947, 64ff.), der logische Schematismus ständiger Zweiteilung und die unbedingte Gleichsetzung von Denken und Sprache. Steinthal argumentiert, dass Beckers System an der Sprache völlig vorbeigeht, da es nicht aus einer Analyse der Sprache heraus entwickelt wird, sondern als ein System vorgegeben wird, dem sich die Sprache fügen muss. Ähnlich hatte schon Wackernagel in seiner Kritik an Becker formuliert, dass bei Becker eigentlich nicht Sprache gelehrt werde, sondern nur „der reifere Verstand des Lehrenden"(Wackernagel 1843, 43).

Anders stand es mit der Schulgrammatik. Hier wurde Beckers Ansatz von Anfang an begeistert aufgenommen. Von der Schulgrammatik (1831) wurde schon nach acht Monaten eine neue Auflage nötig (Glinz 1947, 55). Vor allem die beckersche Satzlehre wurde rasch von allen andern Schulgrammatiken übernommen, sodass zu Beginn des 20. Jahrhunderts keine Schulgrammatik mehr existierte, die nicht nach dem Schema der beckerschen Syntax organisiert gewesen wäre.

Dieser Erfolg ist zwei Umständen zuzuschreiben. Einmal existierte eine brauchbare Satzlehre zu Beckers Zeit praktisch nicht. Auch die Syntax in den vergleichenden historischen Grammatiken war eine Wortartensyntax. Das Ausgehen vom Satz aber ist für die Volksschule besonders günstig. Alle vorherigen Grammatiken hatten mit Lauten, Silben und Wörtern begonnen und waren auf synthetischem Wege zum Satz gekommen. Becker ging erstmals vom Satz aus und gliederte ihn analytisch. Diese Bedeutung Beckers ist schon von den Kritikern des 19. Jahrhunderts anerkannt worden, so schreibt z.B. Engelien: „Becker hat die Bahn gebrochen zu einer elementaren Behandlung der syntaktischen Verhältnisse"; [es muß gesagt werden,] „dass es der Wissenschaft noch nicht gelungen ist, dafür eine geeignete Grundlage zu schaffen" (Engelien 1889, 378). Hans Glinz (1947:57) zitiert diesen Satz zustimmend und bezeichnet ihn als „noch immer gültig".

Eine vollkommen neue Satzlehre ist jedoch noch keine ausreichende Begründung für den riesigen Erfolg von Beckers Lehre an den Volksschulen. Dieser hängt vielmehr mit Beckers Auffassung vom Grammatikunterricht an den Schulen zusammen, der ganz stark von seinem theoretischen Ansatz bestimmt ist. In seiner Schrift *Über die Methodik des deutschen Unterrichts in der deutschen Sprache* von 1833[60] führt er seine Gedanken aus. Es gehe im Deutschunterricht nicht darum, die Muttersprache zu erlernen „denn „der Schüler versteht ja seine Muttersprache vor allem Unterrichte" (Engelien 1898,

---

60 Zitiert nach Engelien 1898.

378). Zwar räumt Becker einen gewissen Unterschied zwischen kindlicher Muttersprache und Hochsprache ein; dieser sei jedoch sehr gering, denn Wortvorrat, die Sprache selbst und ihre Redefügungen seien in allem gleich. Ziel des Deutschunterrichts sei deshalb nicht das Erlernen, sondern das Verstehen der Sprache.[61] „Man versteht die Sprache vollkommen, wenn man [...] die Bedeutung der verschiedenen Redeformen [...] klar erkennt" (ebd.), das sind die syntaktischen Fügungen, durch die die Verhältnisse der Begriffe aufgezeigt werden. Bei alledem geht es Becker nicht darum, die Grundlagen der Sprache aufzudecken (das allenfalls nebenbei), sondern um Höheres: Da für ihn sprachliche Strukturen Ausdruck des Denken sind, soll der Schüler durch die Analyse der Redeformen die Verhältnisse der Begriffe und damit die Prinzipien des Denkens erlernen. Beckers Methode ist damit eine Sprachdenklehre.[62] Solche „Denkübungen" forderte Becker schon in der ersten Klasse der Volksschule, indem Sprechübungen stattfinden sollten. Die Gegner dieses Systems charakterisierten es bissig mit der Bemerkung, Becker wolle bereits in der Volksschule ein *collegium logicum* abhalten, um die Schüler in die Tiefen der Wissenschaft einzuführen, ohne dass sie den Schweiß der Universitätsarbeit vergießen müssten (vgl. Glinz 1947, 64). Auf der Schule selbst aber war man von Becker begeistert. „Becker lieferte, was die Zeit forderte. Das erklärt seinen beispiellosen Erfolg." (vgl. Glinz 1947, 54ff.).

Dabei sollte man allerdings bedenken, dass die Anschauung, der Grammatikunterricht fördere das Denken, so neu keineswegs ist. So bemerkt schon Heinsius im Vorwort seiner Volksschulgrammatik, dass die Sprachlehre gleichzeitig eine Denklehre sein solle (Engelien 1889, 374). Beckers Grammatik unterscheidet sich insofern kaum von den vorhergehenden; sie führt das implizit vorhandene Unterrichtsprinzip nur radikal aus, dass es im Grammatikunterricht nicht um das Lernen von Sprache, sondern des Denkens gehe. Das Neue an Beckers Schulgrammatik ist aber, dass er mit seiner Satzgliedlehre ein Objekt bietet, an dem die Denkschule theoretisch und praktisch besonders gut durchgeführt werden kann. Trotz der im Folgenden beschriebenen Gegenströmung (s.u.

---

61 Engelien kommentiert dies in einer Anmerkung, die übrigens auch den grimmschen Ansatz kritisiert: „Becker ist nicht der einzige, der ganz unsinnigerweise die hochdeutsche Schriftsprache als jedes Deutschen Muttersprache bezeichnet" (ebd.). Die Tragweite dieser Kritik bleibt bis weit über die Hälfte des 20. Jahrhunderts unerkannt, obgleich ein Gutteil des Tagesgeschäfts gerade der kleineren Volksschulen auf dem Lande das Einüben eben dieser Hochsprache war. Eine Ausnahme bildet hier die Schule um Rudolf Hildebrandt, deren praktische Wirksamkeit jedoch gering blieb (s.u.).

62 Vgl. dazu den Titel des Buches, durch das Beckers Lehre populär wurde: Wurst, R. J. (1836): Praktische + Sprachdenklehre. Reutlingen. Die Schriften von Becker selbst galten als schwer verständlich und für die Schule nicht geeignet.

Zf. 4) bleibt dieser Gedanke erhalten, und zwar in der Verbindung mit der Satzgliedleh-re; im Vorwort seiner Grammatik schreibt zum Beispiel F. Koch (1869, S. VIII).

> Die Bildungsprinzipien unserer Sprache zu erkennen, reicht also jenes Prinzip (gemeint ist Beckers logischer Ansatz) nicht aus. Ganz anders steht es mit der Satzlehre; ein logisches Prinzip ist da ganz an seinem Platz.[63]

Zusammenfassend lässt sich feststellen, dass Becker in seinem methodischen Ansatz kaum aus der Tradition heraustritt, die in der Schulgrammatik die Sprache von einem vorgegebenen logisch-grammatischen System aus betrachtet; was er neu liefert ist der Ansatz einer über die traditionelle Wortartenlehre hinausgehenden deutschen Syntax.

4　Praxisdiskussionen

Gegen diese beiden theoretischen Positionen – kein Grammatikunterricht in den Ele-mentarklassen vs. Grammatik als Denkschule – erhoben sich nun Stimmen, die den Grammatikunterricht auf seinen praktischen Zweck zurückführen wollten. Dabei war wissenschaftlich gesehen nur die historische Grammatik anerkannt. Freilich erkannte man bald, dass die Forderung der Königsberger Konferenz nach Einführung der histori-schen Grammatik in die Schule nicht praktikabel war. Im Vorwort der Bearbeitung von Heyses Grammatik durch seinen Sohn Karl heißt es deshalb: „Zweck des Grammatik-unterrichtes ist nicht die wissenschaftliche Grammatik selbst, sondern einerseits das Er-lernen der Sprache, andererseits die formale Verstandesbildung."(Heyse, S. VIII). Hier sind deutlich die beiden Begründungen angesprochen, die im Folgenden die Diskussion um den Grammatikunterricht in der Muttersprache bestimmten.

Der erste in dieser Reihe war R. Hiecke. In seinem Buch über den Deutschunterricht (Hiecke 1847, 199ff.) begründet er deutschen Grammatikunterricht folgendermaßen: Die deutsche Sprache sei durch Homonyme, Zusammenfall von Formen u.a.m. unklar;[64] es gehe darum, den Schüler zum Verständnis und rechten Gebrauch von Hoch- und Schriftsprache anzuleiten. Obwohl er Becker scharf angreift, nennt er als zweiten wich-tigen Grund für schulischen Grammatikunterricht, dass er eine Denkschule sei. Er sieht das freilich weniger in der Syntax als im Konjugieren und Deklinieren, wodurch die geistige Aufmerksamkeit des Schülers geschärft werde. Der wichtigste Gedanke Hiek-kes ist jedoch die Einsicht, dass es im Grammatikunterricht um das Verstehen der Spra-

---

63　Zum Erkennen der Bildungsprinzipien der Sprache ist für Koch nur die historische Betrach-tungsweite möglich, die er auch ganz stark in seine Grammatik einbaut.

64　Dahinter steht wohl die grimmsche Anschauung, dass das Neuhochdeutsche gegenüber den älteren Sprachstufen ärmer geworden ist.

che gehe: „Das Bekannte ist noch kein Erkanntes" (ebd., 204), und: „Die Muttersprache soll gelernt, aber nicht auswendig gelernt werden" (ebd., 206). Dieser Ansatz ist neu. Er geht nämlich von der Praxis aus und überlegt, wie deren Anforderungen erfüllt werden können. Hiecke will zunächst, dass der Schüler einen Einblick in die tatsächlichen Sprachverhältnisse bekommt und nicht, dass er ein logisches System begreifen lernt. So weist Hiecke darauf hin, wie unsinnig es ist, den deutschen Grammatikunterricht mit dem lateinischen zu verbinden, da beide völlig verschiedene Aufgaben haben und da außerdem dadurch der Fehler begangen wird, das System der lateinischen Grammatik auf die deutsche Sprache aufzulegen, anstatt das System der deutschen Grammatik aus der Sprache selbst zu erschließen. Der Schüler soll daher auch nicht Formen lernen, die er ja ohnehin schon kennt, sondern durch die Aufstellung der Formenreihen das Ordnungsprinzip der Sprache kennenlernen. Auf diesem Wege soll es ihm gelingen, allgemeine Sprachgesetze aufzufinden, besonders in der Syntax. Auch hier gilt, dass der Schüler nicht die Definitionen vorgesetzt bekommt und diese zu lernen hat, sondern dass er das „latente System in der Syntax" selbst aufspüren soll (ebd., 211). Beispiele sollen daher nicht als Füllwerk einer künstlichen Theorie erscheinen, sondern als Indizien für die Richtigkeit eines Systems.[65] Dabei soll der Grammatikunterricht nicht Vollständigkeit anstreben; nur die Teile, die für die o.a. Zwecke wichtig sind, sollen geübt werden. Hieckes interessante und richtungweisende Ideen wurden erst nach 1872, als die zweite Auflage erschien, allgemein gewürdigt, hatten aber wenig Einfluss auf die schulische Praxis.

Ähnliche Ideen äußert Rudolf von Raumer (1857). Er behandelt stärker die Volksschulen, während Hiecke den Unterricht im Gymnasium im Auge hatte. In der Volksschule sei es das Ziel des Grammatikunterrichts, „grammatisch richtig die Hochsprache sprechen und die Schriftsprache schreiben zu lehren" (Raumer zit. nach Engelien 1889, 389), aber nicht, die Zergliederung zu üben. Nebenzwecke wie Denkschule o.ä. lehnt Raumer emphatisch ab: Der Zweck des Grammatikunterrichts ist die Einübung von korrektem Deutsch. Dabei möchte er, dass der Grammatikunterricht in der Volksschule eng an die Mundart angelehnt wird. Dies soll durch praktische Redeübungen geschehen. Aufgabe des Lehrers sei es dann, die Fehler und Verstöße gegen das Hochdeutsche zu beseitigen. Der Unterricht soll sich darauf beschränken, Fehler zu beseitigen; was in der Mundart dem Hochdeutschen entspricht, soll überhaupt nicht erörtert werden. Raumer sieht damit den Grammatikunterricht als ein wesentliches Instrument zum Erlernen einer gesprochenen Hochsprache aus der Schrift. Die praktischen Übungen

---

65 Die Ähnlichkeit mit neueren Konzepten, insbesondere der Grammatikwerkstatt, ist teilweise bis in die Formulierungen hinein auffällig, vgl. zum Überblick zu neueren Konzepten des 20. Jahrhunderts Gornik (2003).

streben deshalb keine Vollständigkeit in der Behandlung der Kapitel der Grammatik an; insbesondere lehnt Raumer das Einüben besonders schwieriger Konstruktionen ab.

In fast jeder theoretischen Abhandlung zum Grammatikunterricht der Zeit fand sich eine eingehende Auseinandersetzung mit dem Begriff Periodologie, der als eines der Zentren des Grammatikunterrichts angesehen wurde. Betrachtet man den wissenschaftlichen Stil der Zeit, auch den der Zeitungen, so wird klar, dass Periodenbildung als zentrales Thema des Grammatikunterricht erscheinen konnte. Die Ursachen hierfür, gerade in der Wissenschaft, liegen wohl in der zu langen und engen Verknüpfung des Grammatikunterrichts mit dem lateinischen; Übersetzungen aus dem Lateinischen, in denen das Sprachgefühl besonders geschult werden sollte, erzwingen ja umfangreiche, komplizierte Periodenbildung, sofern man nicht alle Partizipialkonstruktionen in Hauptsätze auflöst. Raumer hält das Einüben solcher Periodenbildung für unsinnig; der Schüler soll seine Sprache aufbauen auf dem, was die Mundart mitbringt. Die deutsche Schulgrammatik hat also „die praktische Aufgabe, die naturwüchsige Mundart des Schülers mit der Schriftsprache vermitteln zu helfen." (Raumer zit. nach Engelien 1889, 389). Auf dem Gymnasium aber ist das Beherrschen der hochdeutschen Sprache in Wort und Schrift nicht mehr Unterrichtsziel, sondern unabdingbare Voraussetzung, die ständig zu überprüfen ist. Was im Einzelnen auf dem Gymnasium an Grammatikunterricht betrieben werden soll, schreibt Raumer nicht; in der Oberstufe ist es die historische Grammatik.

Gegen Ende des Jahrhunderts schließlich bestimmten die Ansichten Rundolf Hildebrands die Diskussion. Auch er ging überwiegend von der Praxis aus. 1869 stellte er vier Forderungen an den Grammatikunterricht in der Muttersprache auf, die er anschließend immer wieder verdeutlichte (Hildebrand 1869, 73):

1. Der Grammatikunterricht soll mit der Sprache zugleich ihren Inhalt erfassen.
2. Der Schüler soll die Gesetze der Sprache selbst entdecken.
3. Das Hauptgewicht des Deutschunterrichts soll auf der gesprochenen Sprache liegen, nicht auf Schreiben und Lesen.
4. Hochdeutsch soll nicht als neue Sprache, sondern in engem Anschluss an die Mundart gelehrt werden.

Hildebrand spricht von einem Missstand des Deutschunterrichts an den Schulen und begründet dies mit der Orientierung am Lateinischen, „wie ja der ganze Betrieb der deutschen Sprache, die deutsche Grammatik und die deutschen Wörterbücher seit dem 16. Jahrhundert durchaus an dem Vorbilde des Lateinischen herangewachsen und zum Teil selbst heute noch nicht ganz davon losgekommen sind (ebd., 114).

Hildebrand sammelte um sich eine Schule (Laube 1903); Organ dieser Gruppe war die *Zeitschrift für deutschen Unterricht*. Hildebrandt und seine Gruppe „gaben wohl ein allgemeines pädagogisches Programm, aber keinen neuen Grammatik-Kursus." (Erlinger 1969, 146).

5 Lehrpläne

Nach dieser Darstellung der theoretischen Diskussion um den Grammatikunterricht in der Muttersprache soll jetzt untersucht werden, inwieweit die Vorschläge der verschiedenen Richtungen in die Praxis umgesetzt wurden. Ich betrachte zunächst die Lehrpläne, die Darstellung fußt auf Matthias (1907).

Ein gutes Beispiel für die Anforderungen an den muttersprachlichen Grammatikunterricht im Gymnasium zu Beginn des Jahrhunderts ist der Lehrplan des Joachimsthaler Gymnasiums in Berlin von 1803. In der 3. Klasse soll gelernt werden, „was die Vorwörter für einen Casum regieren, jedoch werden die schweren Fälle derjenigen Vorwörter, die einen doppelten Casum regieren, hier noch übergangen" (Matthias 1907:279). Hier wird Grimms Ablehnung des muttersprachlichen Grammatikunterrichts verständlich. Natürlich werden in den Mundarten bisweilen Präpositionen mit anderen Fällen verbunden als im Hochdeutschen. Nach dem angeführten Lehrplan aber wurden alle Präpositionen durchgenommen und die Regeln für ihre Verwendung gelernt, ob sie der Schüler ohnehin richtig zu gebrauchen wusste oder nicht. Der Schüler sollte sich also in erster Linie nicht für das sprachliche Faktum interessieren, sondern für ein abstraktes Merksystem. Dieses System wird nach logischen Kategorien aufgebaut, ebenso der Lehrplan: die Präpositionen mit zwei Kasus sind schwieriger (logisch), obwohl das sprachlich nicht der Fall zu sein brauchte, wenn der Schüler sie von sich aus ohne Regeln sicher unterscheiden kann.

Weiterhin nennen die Lehrpläne die Denklehre als Ziel des Grammatikunterrichts. In einem preußischen Lehrplan von 1816 heißt es: „Auf der mittleren (Stufe des Gymnasiums) soll die Sprache nach einer höheren Einsicht als Organ des Denkens behandelt werden" (Matthias 1907: 280). Darunter sind aber nicht philosophische Betrachtungen zur Sprache zu verstehen, sondern es wird intensiv der Regelapparat im Zusammenhang betrachtet, um seine Anordnung zu erkennen - man mag gar an Metakognition denken. Der Weg freilich, auf dem man das zu erreichen trachtet, ist z.B. das Auswendiglernen von Heinsius kleiner Grammatik!

Eine radikal andere Haltung nahm die bereits erwähnte Königsberger Direktorenkonferenz von 1831 ein (Matthias 1907: 283). Zum Einen beschloss die Konferenz die Einführung der historischen Grammatik für die Oberstufe und verlangte daher (nach dem Vorbild des adelungschen „Auszugs") nach einem für die Schule geeigneten Auszug aus der vierbändigen Deutschen Grammatik von Jakob Grimm. Hinter diesem Titel verbirgt sich freilich eine historische Laut- und Formenlehre der germanischen Sprachen; ein „Auszug für die Schule" ist kaum vorstellbar. Zum Anderen sollte der Grammatikunterricht in den Elementarklassen analytisch erfolgen, und zwar ohne eine Grammatik als Lehrbuch, um den schematischen Grammatikunterricht aus der Schule zu verbannen. Beide Forderungen wurden nicht erfüllt und schlug sich auch nicht in den Lehrplänen nieder.

In Österreich dagegen sahen die Lehrpläne ausdrücklich vor, dass auch im Deutschen Grammatikunterricht erteilt werden müsse (Matthias 1907: 286ff). Man ging aber auch hier davon aus, dass die deutsche Sprache dem Schüler bereits bekannt sei und nur in Einzelfällen die Mundart korrigiert werden müsse. Kernpunkt des Grammatikunterrichts ist daher die Satzgliedlehre nach Becker, benutzt werden soll das Buch von Wurst (1836). Es muss gesagt werden, dass sich solcher sogenannter „Sprachdenk"-Unterricht nicht allzu sehr von dem normalen Grammatikbetrieb unterschied, weil man auch hier über fortlaufende Definitionen kaum herauskam. Geplant war das im Sinne Hieckes (s.o.) durchaus anders: So sollte die Formenlehre kein Abfragestoff mehr sein, die Schüler sollten das Flexionssystem vielmehr selbst entdecken; Regeln sollten vermieden werden zugunsten praktischer Übungen usw. Dieser Rahmen blieb in Österreich im Laufe des Jahrhunderts im Wesentlichen unverändert.

In Preußen war man rückständiger. Der Grammatikunterricht wurde ganz aus den Elementarklassen verbannt; im Lehrplan von 1859 heißt es: „Der Grammatikunterricht wird in den unteren Klassen mit dem lateinischen verbunden" (Matthias 1907: 289). In der Mittelstufe war die Satzlehre das Thema des zeitlich sehr knapp bemessenen Grammatikunterrichts; „dadurch könne zugleich der logische Gehalt der Sprache aufgeschlossen werden" (Matthias 1907: 289). Dieser Grammatikunterricht sollte in enger Anlehnung an die Lektüre gehalten werden, was dazu führte, dass entweder der Grammatikunterricht völlig zu kurz kam oder die Lektüre vergewaltigt wurde.

Erst 1882 nehmen die Lehrpläne zu dieser Entwicklung kritisch Stellung:

> Die weit verbreitete Ansicht, dass deutsche Formenlehre und Syntax nicht ein Gegenstand des Unterrichts an höheren Schulen, sondern nur gelegentlich auf Anlaß der Lektüre zu berühren sei, ist veranlaßt durch falsche Methoden, welche einerseits die Muttersprache so behandeln wie eine erst zu erlernende Sprache, andererseits den Unterricht darin zu einer Beispielsammlung der Logik zu machen suchten. Verkannt ist in dieser Ansicht, in welchem Umfange der Gebildete über Punkte der Formenlehre und der Syntax seiner Muttersprache Klarheit gewonnen

haben muß, um nicht für Fälle des Zweifels und der Schwankung dem Zufall und dem subjektiven Belieben anheimgegeben zu sein. (Matthias 1907: 290f).

Man sieht, dass hier die praktische Richtung Raumers und Hildebrandts Pate steht: Als Ziel des Grammatikunterricht wird nun korrektes Schreiben und Sprechen angesehen. Das steht auch im Lehrplan von 1890: „[Zweck des Grammatikunterricht ist es], dem Schüler eine objektive Norm für die Beurteilung eigenen und fremden Ausdrucks zu bieten und ihn auch später noch in Fällen des Zweifels zu leiten" (ZfdU 1890, 115ff). Über die Praxis, wie das zu geschehen habe, äußern sich die Lehrpläne allerdings kaum. Außerdem ist die Anschauung, der Grammatikunterricht solle am besten zusammen mit dem lateinischen erfolgen, keineswegs ausgeräumt; im Lehrplan für Bayern von 1891 (ZfdU 1890, 802ff) und für Württemberg 1892 (Matthias 1907, 292f) wird weiterhin gefordert, den Grammatikunterricht in den Elementarklassen nur dann zu erteilen, „soweit nicht der Unterricht in der lateinischen Grammatik die besondere Behandlung der deutschen Sprachlehre überflüssig macht" (Matthias 1907, 293) Der Kommentator in der Zeitschrift für den Deutschunterricht hält diese Lehrplangestaltung für besonders glücklich! (ZfdU 1890, 807)

Zusammenfassend lässt sich sagen, dass die Lehrpläne gegen Ende des Jahrhunderts zwar im Allgemeinen einen eigenen deutschen Grammatikunterricht fordern, dass aber die methodischen Grundsätze, die ich am Ende von Absatz 4 skizziert habe, nicht umgesetzt wurden.

6 Gestalt der Grammatiken

Es ist schließlich zu untersuchen, inwieweit diese Forderungen sich in den Grammatiken niederschlugen. Zur Betrachtung eignet sich am besten die Schulgrammatik von Heyse, die das ganze Jahrhundert hindurch in immer neuen Auflagen und Bearbeitungen erschien und die an den Schulen sehr viel benutzt wurde. Den Ausgangspunkt habe ich eingangs bereits charakterisiert: Diese Grammatik ist ein starres Regelbuch. In der Auflage von 1840 schreibt Karl Heyse, der Bearbeiter und Sohn des Verfassers, dass diese Schulgrammatik der Praxis diene und kein Regelbuch mehr sei. Er will die allgemeinen Grundzüge des grammatischen Systems darstellen, das allen Sprachen innewohnt, es in der Muttersprache entwickeln und von dort her auf andere Sprachen übertragen (Heyse 1840, X). Betrachtet man seine Bearbeitung im Detail, so sucht man eine Umsetzung dieser neuen Ideen vergebens. Die Bearbeitung erstreckt sich lediglich darauf, „die neuen Erkenntnisse der wissenschaftlichen Forschung" in die Schulgrammatik einzubringen, so wird z.B. nicht mehr zwischen „regelmäßiger" und „unregelmäßiger" Konjugation unterschieden, sondern zwischen starker und schwacher, und die starke wird weiter nach Ablautreihen gegliedert. Diese neuen Begriffe werden jedoch genau wie früher nicht erläutert oder begründet, sondern per definitionem eingeführt. Das System der lateinischen Grammatik, ergänzt um einige Erkenntnisse der historischen Sprachwissenschaft, bleibt Gegenstand von Heyses Grammatik, und von der Sprache selbst ist weiterhin nicht die Rede.

In der Bearbeitung von 1878 wird die Beckersche Satzgliedlehre übernommen, die Methode bleibt gleich. O. Lyons Bearbeitung von 1893 berücksichtigt in sehr starkem Maße historische Fakten, so entwickelt er auf ca. 80 Seiten die Geschichte der deutschen Laute vom Althochdeutschen zum Neuhochdeutschen, teilweise sind auch die germanischen Sprachen berücksichtigt. Lyon gibt also dem System Heyses historische Begründungen bei. Freilich wirkt das keineswegs organisch, sondern „angeklebt", und schon gar nicht kann man von einer neuen Methode sprechen: Nur der Umfang der Grammatik hat zugenommen, aber sie bleibt eine Begriffslehre und tut keinen Schritt zur Sprachlehre.

Die Zahl der im 19. Jahrhundert erschienen Schulgrammatiken ist Legion (als Überblick vgl. Engelien 1889, Matthias 1907, Erlinger 1969). Betrachtet man die am Ende des Jahrhunderts erscheinenden neuen Schulgrammatiken, so kann man feststellen, dass sich die Methoden nicht verändert haben. Lediglich eine Schulgrammatik scheint auf die Forderung der Pädagogen ein wenig einzugehen, es ist die von W. Wilmanns (1903). Sie führt am konsequentesten die praktische Ausrichtung durch und verlässt ein wenig den Weg eines umfassenden Regel- und Begriffsgebäudes. Wilmanns entfernt radikal sämtliches überflüssige wissenschaftliche Beiwerk; so fehlt die Sprachgeschichte in seiner Schulgrammatik vollkommen, die Flut der Definitionen wird eingedämmt. Paradigmata enthält die Grammatik gar nicht, die Formen werden im Text herausgearbeitet bzw. der Schüler wird angehalten, die Paradigmata selbst aufzustellen. Auch werden keine Regeln angegeben, sondern auf Unterschiede hingewiesen, aus denen der Schüler die Regeln selbst ableiten soll. Die Grammatik von Wilmanns ist m.E. die erste Bewegung von der Grammatik weg zu einem Lehrbuch; sie blieb jedoch in der Praxis weitgehend unbeachtet.

7   Gründe für die Diskrepanz von Theorie und Praxis

Fasst man das bisher Gesagte zusammen, so ergibt sich eine erstaunliche Situation. Spätestens seit Mitte des 19. Jahrhunderts wird eine lebhafte Diskussion über die zweckmäßige Form des Grammatikunterrichts in der Schule geführt. Es lassen sich einige Grundforderungen feststellen:

1. Muttersprachlicher Grammatikunterricht muss vom Lateinunterricht gelöst werden.
2. Die Grammatik der Muttersprache ist nicht wie die einer Fremdsprache zu behandeln.
3. Die Grammatik muss aus der Sprache gewonnen werden, nicht die Sprache aus der Grammatik.
4. Der Schüler soll die Gesetze der Sprache selbst finden.
5. In der Oberstufe ist dem Schüler ein Einblick in den Organismus der Sprache auf historischem Weg zu gewähren.

Vergleicht man diese (durchaus modern wirkenden) Forderungen mit der obigen Darstellung, so zeigt sich, dass keiner der Punkte zufriedenstellend erfüllt ist (am ehesten noch Punkt 5). Alle anderen werden in der Zeit zwar vehement gefordert, bisweilen auch von den Lehrplänen, aber in den publizierten Schulgrammatiken kaum erfüllt. Vor allem aber kann man sich kaum vorstellen, dass diese Forderungen im Unterricht umgesetzt wurden. Erlinger (1969: 211) charakterisiert diese Situation um die Jahrhundertwende so:

> Der deduktiv-logische Grammatikunterricht ist methodisch durch Übernahme aus dem altsprachlichen Unterricht fremdbestimmt und nicht auf Sprachverständnis, sondern auf Denkschule und Fremdsprachlehrerleichterung angelegt.

Es ist nach einer Begründung für dieses Auseinandertreten von Theorie und Praxis zu suchen. Zuerst ist da die Diskrepanz zwischen wissenschaftlicher Grammatik und Schulgrammatik zu nennen. Seit den Arbeiten Jakob Grimms wurde ab der zweiten Dekade des 19. Jahrhunderts einzig die historische Grammatik als wissenschaftlich anerkannt. Am Ende des Jahrhunderts stellt dies für die Junggrammatiker überhaupt keine sinnvolle Frage mehr dar.[66] Es wurde versucht, die Fakten der Sprache aus der Geschichte zu erklären, Begründungen für die Form zu finden; es ging nicht darum, die Richtigkeit der Formen zu beweisen. Die Formen wurden vielmehr absolut genommen; durch den Vergleich der historischen Formen versuchte man die Erklärung ihrer Entwicklung.

---

66 Das berühmte Zitat aus Hermann Pauls *Prinzipien der Sprachgeschichte* lautet: „Es ist eingewendet, daß es noch eine andere wissenschaftliche Betrachtung der Sprache gäbe, als die geschichtliche. Ich muss das in Abrede stellen. Was man für eine nichtgeschichtliche und doch wissenschaftliche Betrachtung der Sprache erklärt, ist im Grunde nichts als eine unvollkommen geschichtliche, unvollkommen teils durch Schuld des Betrachters, teils durch Schuld des Beobachtungsmaterials" (Paul 1889/1920, 20f.)

Diese Methode war für den Grammatikunterricht an den Schulen dann unbrauchbar, wenn man nicht völlig darauf verzichten wollte, durch Grammatikunterricht auch korrektes Sprechen und Schreiben zu lehren. Es ist einleuchtend, dass Grimm aus diesem Grunde den Grammatikunterricht völlig ablehnte, solange er nicht historisch war; seine grundlegend neue Idee war es ja, den Organismus der Sprache nicht darzustellen, sondern überhaupt erst zu erforschen und zu erklären. Ein Grammatikunterricht aber, der die Korrektheit der Sprache zum Ziel hat, muss notwendig nicht die Fakten erklären, sondern sie zunächst einmal darstellen. Grimm ging davon aus, dass die Sprache sich im Kinde von selbst entwickelt. Die Sprache ist damit vorgegeben wie etwa dem Naturwissenschaftler das Walten der physikalischen Gesetze; die Aufgabe ist es, ihre Gesetze und Funktionen zu erkennen. Diese Anschauung hatte ihre Berechtigung darin, dass man erkannte, dass die Grammatiker bisher die Gesetze der sprachlichen Entwicklung überhaupt nicht oder falsch dargestellt hatten, und dass jede Sprache Produkt ihrer historischen Entwicklung ist.

Für die Schulgrammatik war dieser Ansatz jedoch unbrauchbar. Es war ja stets ihr erklärtes Ziel, den Schüler zum korrekten Gebrauch der Hoch- und Schriftsprache anzuleiten; diese jedoch war dem Kinde keineswegs anerschaffen, sondern musste gelernt werden.[67] Man war sich sehr schnell darüber im Klaren, jedenfalls in der theoretischen Diskussion, dass die vorhandenen Grammatiken diesen Zweck nur unvollkommen ausführten. Vielleicht ist in dieser Ablehnung ein weiterer Grund für den großen Erfolg der beckerschen Methode zu suchen. Becker bot ein System, das von dem vorhandenen abzuweichen schien und trotzdem eine Darstellung des Sprachorganismus bot, die für den Unterricht besonders praktikabel war, vor allem in der Satzlehre. Es waren die wenigsten, die erkannten, dass Becker in der Methode um keinen Schritt vorangekommen war, sondern das System der Sprachdarstellung nur um ein neues Gebiet, die Satzlehre, erweitert hatte.

Da die Sprachwissenschaft kein neues Konzept für den Grammatikunterricht bieten konnte, musste sich die Schule selbst helfen. Es kann deshalb nicht überraschen, dass man dabei auf die vorhandenen Lernmittel und Methoden zurückgriff. Diese wurden immer wieder neu aufgelegt, nur so ist die ständige Umarbeitung und Neuauflage der Heyseschen Grammatik zu erklären: Die Umarbeitung beschränkte sich darauf, neue wissenschaftliche Begriffe einzufügen.

Die Gruppe um Rudolf Hildebrandt, die gegen diesen Grammatikbetrieb in der Schule anging, kam von der Schule her und sah die Unmöglichkeit solcher Verfahrensweise.

---

67 In der Tat existierte sie als Literatursprache ja im Grunde erst seit den Schriften der Klassiker im Ausgang des 18. Jahrhunderts!

Man stellte einleuchtende Forderungen an die Gestalt einer Schulgrammatik auf; aber es fehlten alle wissenschaftlichen Voraussetzungen, um entsprechende neue Methoden und einen Grammatikkurs nach diesen Überlegungen zu schaffen, da es das, was man heute als synchrone Sprachwissenschaft bezeichnet, nicht gab. Die wenigen Ansätze, die von der Praxis her Grammatiken zu entwickeln suchten, blieben nicht zuletzt deshalb unwirksam, weil es eine wissenschaftliche Fachdidaktik auch nicht gab.

Dies alles wurde verstärkt dadurch, dass es ja keine Lehrer gab, die nach diesen Methoden unterrichten konnten; denn auf den Univer-sitäten herrschte die historische Sprachwissenschaft uneingeschränkt. Der angehende Deutschlehrer (Gymnasium) lernte Gotisch, Alt- und Mittelhochdeutsch. Über die Frage, wie man den Schülern korrektes Hochdeutsch beibringen könnte, wurde in der Ausbildung nicht gesprochen. Insofern ist der Erfolg der beckerschen Idee von der Grammatik als Denkschule zu erklären: Wenn man sich nicht mehr dem mühsamen Geschäft der Spracherziehung zu widmen hatte, sondern nur noch ein logisches System zu erklären hatte, wie es Becker lieferte, war der Grammatikunterricht zugleich anspruchsvoller und einfacher.

Es zeigt sich also, dass die Wissenschaft nicht in der Lage war, die gegen Ende des 19. Jahrhunderts aufgestellten Forderungen an einen deutschen Grammatikunterricht zu erfüllen, weil sie von einem anderen Konzept ausging. Die Schule selbst war zwar in der Lage, ein allgemeines pädagogisches Konzept auszuarbeiten, nicht jedoch eine (zwangsläufig gegen die wissenschaftliche Richtung der Zeit gerichtete) Schulgrammatik herauszubringen, die allen ihren Forderungen genügte. Lediglich Ansätze dazu sind spürbar, am deutlichsten bei Wilmanns (1903).

8 Schlussbemerkungen

Erst von hier aus ist die Frage zu betrachten, welchen Einfluss die deutsche Schulgrammatik des 19. Jahrhunderts auf die Entwicklung der deutschen Sprache genommen hat.[68] Am Detail ließe sich das eine und andere sicherlich feststellen, da die Schulgrammatik dem Sprachgebrauch folgte: Älteres wurde ausgesondert, Neueres vorsichtig aufgenommen. Die Beispiele wurden zum größten Teil den „neuen Klassikern" entnommen, unter dem Einfluss Beckers vor allem den Balladen Schillers, und zwar nicht zur literarischen, sondern zur sprachlichen Analyse.

Sucht man einen umfassenderen Einfluss, kann man feststellen, dass diese Grammatiken nicht in der Lage waren, ein tieferes Sprachbewusstsein herauszubilden, weil sie

---

68 Das war die Fragestellung des Seminars gewesen, in dem die Arbeit entstand, die diesem Aufsatz zugrunde liegt.

ja, überspitzt gesagt, überhaupt nicht von der Sprache handelten. Grimm versuchte deshalb, dieses Sprachbewusstsein über die historische Betrachtung zu wecken, was sich etwa in seinem Wunsch äußerte, das Deutsche Wörterbuch möge ein Lesebuch des Volkes werden.

Die Gründe, warum der historische Weg nicht verschlug, sind schon angesprochen worden. In der Oberstufe jedoch, wo ein historischer Grammatikunterricht gefordert und bisweilen auch erteilt wurde, blieb er unwirksam, schon allein, weil nur eine kleine Gruppe erreicht wurde. Andere Wege konnten nicht beschritten werden, weil die wissenschaftliche Situation dies nicht zuließ.

9   Literatur

Adelung, Johann Christoph. 1781. *Deutsche Sprachlehre zum Gebrauche der Schulen in den Köngl. preuß. Landen*. Berlin: Voß.

Adelung, Johann Christoph. 1782. *Umständliches Lehrgebäude der deutschen Sprachlehre zur Erläuterung der deutschen Sprachlehre für Schulen*. 2 Bände. Leipzig.

Adelung, Johann Christoph. 1792. *Auszug aus der deutschen Sprachlehre*. Wien: Trattner.

Becker, Karl Ferdinand. 1828. *Deutsche Schulgrammatik*. Frankfurt.

Becker, Karl Ferdinand. 1833. *Über die Methode des Unterrichts in der deutschen Sprache*. Frankfurt.

Becker, Karl Ferdinand. 1841. *Der Organism der Sprache*. Frankfurt.

Engelien, August. 1889. *Geschichte der nhd. Grammatik*. In: Kern, Karl (Hrg.): Geschichte des deutschen Unterrichts in der Volksschule. Gotha.

Erlinger, Hans Dieter. 1969. *Sprachwissenschaft und Schulgrammatik*. Düsseldorf.

Glinz, Hans. 1947. *Geschichte und Kritik der Lehre von den Satzgliedern in der deutschen Grammatik*. Zürich/Bern.

Gornik, Hildegard. 2003. *Methoden des Grammatikunterrichts*. In: Bredel, U.; Günther, H.; Klotz, P.; Ossner, J. & Siebert-Ott, G. (Hrg.): Didaktik der deutschen Sprache - ein Handbuch. Bd. 2, Paderborn 2003, 814-829.

Grimm, Jakob. *Vorrede zum deutschen Wörterbuch (1. Bd.)*. In: Scherer 1879, 302-386.

Grimm, Jakob. *Vorrede zur deutschen Grammatik (1. Aufl.)*. In: Scherer 1879, 25-94.

Grimm, Jakob. (o. J.): *Vorrede zur deutschen Grammatik (2. Aufl.)*. In: Scherer 1879,

Heinsius, Theodor. 1817. *Kleine theoretisch-praktische Sprachlehre für Anfänger* (5. Aufl.). Berlin.

Heyse, Johann Christian. 1847. *Theoretisch-praktische Schulgrammatik* (15. Aufl.). Hannover.

Heyse, Johann Christian. 1852. *Leitfaden zum gründlichen Unterrichte in der deutschen Sprache* (16. Aufl.). Hannover.

Heyse, Johann Christian. 1893. *Deutsche Schulgrammatik* (25. Aufl.). Verändert und bearbeitet von Otto Lyon. Berlin.

Hiecke, Robert H. 1847. *Der deutsche Unterricht*. Berlin.

Hildebrand, Rudolf. 1869. *Vom deutschen Sprachunterricht in der Schule und von etlichem ganz anderem, das doch damit zusammenhängt*. In: Werner, W. (Hrg.), Rudolf Hildebrandt: Pädagogische Vorträge und Abhandlungen. Bd. 1. Leipzig, S. 69ff.

Koch, C.F. (1884): *Deutsche Grammatik* (5. Aufl.). Herausgegeben von Wilhelm, E. Hannover.

Laube, Richard. 1903. *R. Hildebrand und seine Schule*. Diss. Leipzig.

Matthias, A. (1907): *Handbuch des deutschen Unterrichts*. Bd.1. München.

Paul, Hermann. 1920. *Prinzipien der Sprachgeschichte*. Leipzig (5. Aufl. 1920, 1. Aufl. 1880).

Raumer, Rudolf von. 1857. *Der deutsche Unterricht*. In: Karl von Raumer, (Hrg.): *Handbuch der Pädagogik*. Berlin.

Scherer, Wilhelm. (Hrg.). 1879. Jakob Grimm: Kleinere Schriften. Bd. VIII. 2. Auflage. Wiederabdruck Olms 1992.

Steinthal, Heymann. 1855. *Grammatik, Logik, Psychologie: Ihre Prinzipien und Ihre Verhältniss zu Einander*. Berlin.

Thiersch, Friedrich. 1826. *Über gelehrte Schulen mit besonderer Berücksichtigung Bayerns*. Bd. 1. Stuttgart.

Wackernagel, Philipp. 1843. *Der Unterricht in der Muttersprache.* Stuttgart.

Wilmanns, Wilhelm. 1878. *Deutsche Grammatik für die unteren und mittleren Klassen höherer Lehranstalten.* Berlin.

Wurst, Raimund J. 1836. *Praktische Sprachdenklehre.* Reutlingen.

Über Lesekompetenz

Für Bettina Hurrelmann

Zusammenfassung[69]

In diesem Beitrag soll versucht werden, den in der Öffentlichkeit, im Bildungswesen und in der Forschung in den letzten Jahren recht kontrovers gebrauchten Begriff *Lesekompetenz* etwas auszuloten. Im ersten Teil wird der standardsprachliche Gebrauch des Wortes mit Hilfe von Lexika und Korpusanalysen analysiert. Im zweiten Teil wird das Konzept der Lesekompetenz diskutiert, das der PISA-Studie zugrunde lag, und zwar in Auseinandersetzung mit kritischen Überlegungen dazu aus didaktischer Sicht, wie sie u.a. von Hurrelmann (2002) oder Rosebrock & Nix (2008) vorgetragen wurden.

1 Standardsprache:
Lesen, Kompetenz, Lesekompetenz

Zur Illustration der lexikalischen Behandlung der drei Begriffe verwende ich das *Deutsche Universalwörterbuch* des Dudenverlages (DUW) von 2003, das ca. 170.000 Worteinträge enthält. Für die Analyse des Gebrauchs in der deutschen Standardsprache stütze ich mich auf den öffentlich zugänglichen Teil des „Mannheimer Korpus" der deutschen Gegenwartssprache (MK). Mit Hilfe des Systems COSMAS II, das vom Institut für Deutsche Sprache in Mannheim bereitgestellt wird, wurden im Sommer 2003 verschiedene Suchoperationen durchgeführt, die im Januar 2009 wiederholt wurden (derzeitiger Umfang: über 2 Mrd. Wortformen).

---

69 Der vorliegende Beitrag basiert auf Überlegungen, die ich zwischen 2003 und 2005 bei unterschiedlichen Anlässen mehrfach vorgetragen habe. Das Manuskript ist aus verschiedenen Gründen dann längere Zeit liegen geblieben und wird hier vervollständigt.

1.1 Lesen

Der Eintrag zum Stichwort *lesen* im DUW zeigt die Anwendungsbreite dieses Wortes.[70] Zunächst lassen sich zwei verschiedene Verben unterscheiden. Das Verb *lesen*$_1$ im Sinne von „Sprache visuell aufnehmen und verstehen" ist etymologisch zurückführbar auf das Verb *lesen*$_2$ im Sinne von „etwas auflesen" (z.B. Beeren, Schnipsel etc.). Für das hier interessierende *lesen*$_1$ gibt das DUW drei unterschiedliche Lesarten an (vgl. Abbildung 1).

Die Lesarten (2) und (3) sind offensichtlich Übertragungen, die im Zusammenhang mit dem Begriff *Lesekompetenz* keine Rolle spielen; sie werden deshalb im Folgenden nicht mehr berücksichtigt. Die Lesart (1) des Verbs *lesen* erfährt eine sehr weite Ausdifferenzierung. Als Grund- oder Hauptlesart gilt das verstehende individuelle Lesen (a); davon unterschieden wird lautes Lesen, wo dem lesenden Akteur ein weiterer Akteur, der den Text aufnehmende Hörer, hinzugefügt wird (b, c). In Lesart (d) wird die Art des Lesevorgangs auf den Text übertragen. Ob die Lesart „sich durch einen Text lesen" (e) nicht eigentlich zu (a) gehört, trotz der abweichenden Valenzfüllung, sei dahingestellt.

Man wird annehmen dürfen, dass der Begriff *Lesekompetenz* sich im Wesentlichen auf die Hauptlesart (a) bezieht. Die in der wissenschaftlichen Leseforschung bedeutsame Unterscheidung von basalen Aspekten des Lesens im Sinne des Dekodierens, also des Erkennens von Buchstaben und Wörtern einerseits, und von Lesen im Sinne des Verstehens von (kürzeren und längeren) Texten andererseits wird in diesem wie in allen anderen konsultierten standardsprachlichen Wörterbüchern nicht vorgenommen; darauf komme ich zurück. Dass diese Unterscheidung im genannten Lexikoneintrag nicht ausgeführt wird, entspricht allerdings der Gebrauchsweise des Verbs *lesen* im Deutschen. Im Mannheimer Korpus fanden sich 2003 weit über 100.000 Belege für Formen des Verbs *lesen*. Eine Stichprobe anhand von 1.000 zufällig ausgewählten Belegen ergab, dass alle im DUW angeführten Bedeutungen vorkommen. Weitaus am häufigsten wird das Verb *lesen* in der oben angeführten Bedeutung (a) „etwas Schriftliches mit den Augen und dem Verstand erfassen" verwendet wird. Die Unterscheidung von „Buchstaben und Wörter erkennen" vs. „Texte verstehen" ist aber in keinem Beleg relevant.

---

70 Vergleiche mit anderen größeren einsprachigen deutschen Wörterbüchern zeigten hier und bei den anderen Recherchen zwar Detailunterschiede, aber keine grundsätzlichen Differenzen; aus diesem Grunde schien es angebracht, das jüngste der verfügbaren Wörterbücher zu Rate zu ziehen. In der neuesten Auflage von 2007 waren bezüglich der hier besprochenen Wörter keine wesentlichen Unterschiede zur verwendeten Auflage von 2003 zu verzeichnen.

¹le|sen <st.V.; hat> [mhd. lesen, ahd. lesan, urspr. = zusammentragen, sammeln]:
1. a) *etw. Geschriebenes, einen Text mit den Augen u. dem Verstand erfassen*: laut, leise, schnell, langsam l.; l. lernen; das Kind kann schon l.; abends im Bett noch l.; etw. aufmerksam, nur flüchtig l.; viel l.; einen Satz zweimal l. müssen; die Zeitung, einen Roman, die Post l.; ein Drama mit verteilten Rollen l.; etw. am schwarzen Brett l.; [etw.] in einem Buch l.; lange an einem Buch l.; Noten, eine Partitur l. (*in Töne umsetzen, verstehen*); einen Autor [im Original] l.; ein Gesetz l. (Politik; *im Parlament beraten*); Korrekturen, Fahnen l. (Druckw.; *neu gesetzten Text auf seine Richtigkeit durchlesen*); eine Messe l. (kath. Kirche; *eine Messe halten, zelebrieren*); die Handschrift ist schlecht zu l. (*zu entziffern*); etw. nicht l. (*entziffern*) können; der Text ist so zu l. (*in dem Sinne zu verstehen, zu interpretieren*), dass ...; ich habe darüber, davon gelesen; **b)** *vorlesen, lesend vortragen*: aus eigenen Werken l.; die Autorin las eine Erzählung; **c)** r*egelmäßig Vorlesungen halten*: er liest an der Heidelberger Universität, [über] moderne Lyrik; **d)** <l. + sich> *in einem bestimmten Stil geschrieben sein u. sich entsprechend lesen* (1 a) *lassen*: das Buch liest sich leicht, flüssig, schwer; der Bericht las sich wie ein Roman; **e)** <l.+ sich> [*unter Mühen] ein umfangreiches Werk bis zum Ende lesen* (1 a): sich durch einen Roman l.
2. *etw. aus etw. erkennend entnehmen*: aus jmds. Zeilen einen Vorwurf, gewisse Zweifel l.; in seiner Miene konnte man die Verbitterung l.; aus seinem Blick, Gesicht war deutlich zu l., was er dachte; Gedanken l. (erraten) können; in jmds. Augen l. (*jmds. Blick zu deuten versuchen*).
3. (EDV) (*vom Leser 2*) Daten aus einem Datenspeicher od. -träger entnehmen.

Abbildung 1: Lexikoneintrag lesen im © Duden - Deutsches Universalwörterbuch,
5. Aufl. Mannheim 2003 [CD-ROM].

1.2 Kompetenz

Im Duden-Universalwörterbuch werden drei Lesarten des Wortes *Kompetenz* unterschieden:

Kom|pe|tenz, die; -, -en [1: lat. competentia = Zusammentreffen; 2: engl. competence, nach dem amerik. Sprachwissenschaftler N. Chomsky, geboren 1928]:

1. a) *Sachverstand; Fähigkeiten*: seine große fachliche, wissenschaftliche, kommunikative, soziale K.; ihre K. in Fragen der Phonetik ist unbestritten;

b) (bes. Rechtsspr.) *Zuständigkeit*: bestimmte -en haben; seine –en überschreiten; die Verteilung der -en; das liegt außerhalb meiner K.; das fällt in die K. der Behörden.

2. (Sprachw.) *Summe aller sprachlichen Fähigkeiten, die ein Muttersprachler besitzt.*

Abbildung 2: Lexikoneintrag Kompetenz im © Duden - Deutsches Universalwörterbuch,
5. Aufl. Mannheim 2003 [CD-ROM].

Die vor allem im rechtlichen und politischen Bereich übliche Lesart (1b) „Zuständigkeit" ist interessanterweise die ältere Verwendungsform. Etymologischen Wörterbüchern zufolge bedeutet *Kompetenz* zunächst „Recht auf Abgaben" (schon im 16. Jahrhundert), abgeleitet vom Adjektiv *kompetent* „zustehend". Im Übergang zum 19. Jahrhundert belegt ist dann die allgemeinere rechtssprachliche Lesart „zu etwas berechtigt, befugt sein", die aber früh auch schon in die Allgemeinsprache übergreift mit der Bedeutung „Zuständigkeit, weil Fähigkeit". Zwei Klassikerbeispiele: Eine von Friedrich Schiller um 1785 diskutierte Ansicht findet „… aller derer wärmsten Beifall, die kompetente Richter in dieser Sache sind" (Paul 2002, 554). Goethe leitet 1823 seine Anzeige der Sammlung *Des Knaben Wunderhorn* vorsichtig mit den Worten ein „haben wir gleich zu Anfang die Competenz der Kritik, selbst im höheren Sinn, auf diese Arbeit gewissermaßen bezweifelt ..."; dem entsprechen auch einige Belege zum Adjektiv *competent* bei Goethe, in denen es weniger um Zuständigkeit als vielmehr um Sachverstand geht.[71] Freilich wird *Kompetenz* im Sinne von „Fähigkeit" (Lesart 1a) in deutschen Wörterbüchern bis zum Ende der 60er Jahre des 20. Jahrhunderts nicht aufgeführt - die früheste

---

71 Ich danke Herrn Dr. Michael Niedermeier vom Goethe-Wörterbuch für die Zusammenstellung dieser Belege.

Buchung habe ich in der 3. Auflage des sechsbändigen Dudenwörterbuchs von 1978 gefunden.[72]

Für die hier zu führende Diskussion ist jedenfalls Angabe (1a) einschlägig: Mit *Kompetenz* bezeichnet man Sachverstand bzw. Fähigkeit einer Person oder Institution in einem bestimmten Bereich. Der Zusammenhang mit Angabe (1b) besteht darin, dass unterstellt wird, dass der- oder diejenige die Berechtigung (d.h. Kompetenz b) zum Handeln hat, weil sie oder er dazu auch die Fähigkeit (Kompetenz a) hat, so auch schon die angeführten Belege der Klassiker.[73]

Eine Analyse des Gebrauchs bestätigt den Lexikoneintrag. Die Suchan-frage im Mannheimer Korpus im Sommer 2003 erbrachte knapp 16.000 Belege für das Wort *Kompetenz*. Bei einer erneuten Recherche im Januar 2009 ist diese Zahl auf knapp 19000 angewachsen. Dabei ist allerdings zu beachten, dass das Korpus zwischenzeitlich um weitere Texte ergänzt worden ist, aber knapp 500 zusätzliche Belege pro Jahr seit 2003 belegen die hohe Gebrauchshäufigkeit des Wortes in der Gegenwart. Die Belege sind den beiden Lesarten (1a) und (1b) etwa in gleicher Anzahl zuzuordnen; eine nicht unerhebliche Menge von Belegen ist im eben angeführten Sinne mit beiden Lesarten kompatibel („zuständig weil fähig"). Besonders häufig kommen die Ausdrücke *fachliche, soziale, eigene* sowie *hohe Kompetenz* vor (zusammen fast die Hälfte aller Belege).

Da beide Lesarten von *Kompetenz* eine Leerstelle aufweisen (zuständig/fähig für etwas), ist zu erwarten, dass es eine größere Anzahl von Komposita vom Typ *X-Kompetenz* gibt, die in der Tat schon in der Werbung auffallen (*Gartenbaukompetenz, Wellnesskompetenz* fand ich in der morgendlichen Zeitungslektüre, ohne danach gesucht zu haben). Die sehr produktive Bildungsweise hat aber in das DUW und andere Wörterbücher noch keinen Eingang gefunden. Im DUW fanden sich 2003 und finden sich auch noch in der Auflage von 2007 nur *Fach-, Kern- Richtlinien-, Sach-, Sozial-* und *Sprachkompetenz* (und natürlich *Inkompetenz*).

Dagegen weist das Mannheimer Korpus schon im Sommer 2003 knapp 800 Zusammensetzungen vom Typ *X-Kompetenz* wie *Sachkompetenz, Medienkompetenz, Gesprächskompetenz* etc. auf; dafür gibt es etwa 9000 Belege. Im Januar 2009 ist auch hier ein Anstieg zu verzeichnen: Es gibt 12545 Belege für knapp 1000 Wörter dieses

---

72 Auf die für diesen Aufsatz marginale sprachwissenschaftliche Lesart (2) wird weiter unten eingegangen. Zu bemerken ist allerdings, dass die gegebenen Definition der Position des als Urheber genannten Noam Chomsky nicht entspricht.

73 Dass dem vielfach nicht so ist, spielt für die Wortanalyse einstweilen keine Rolle. Es mag freilich sein, dass angesichts des derzeit überbordenden Gebrauchs des Begriffs *Kompetenz* dieser so inhaltsleer wird, dass der Ausdruck irgendwann eher negativ konnotiert werden könnte.

Typs. Die häufigsten Zusammensetzungen sind *Fachkompetenz* (1446 Belege), *Sozialkompetenz* (758), *Sachkompetenz* (702), *Wirtschaftskompetenz* (590), *Kernkompetenz* (485), *Medienkompetenz* (435), *Entscheidungskompetenz* (434), *Richtlinienkompetenz* (392), *Sprachkompetenz* (361) und *Lesekompetenz* (332). Stichproben ergeben, dass die beiden o.a. Bedeutungen (1a) „Fähigkeit" vs. (1b) „Zuständigkeit, Berechtigung" in den Komposita in etwa gleich häufig vorkommen (wie schon beim Simplex *Kompetenz*). Durch den Einbezug des Kontexts lässt sich die Bedeutung der Wörter meist recht gut bestimmen; *Bundeskompetenz* „Kompetenzbereich des Bundes", *Entscheidungskompetenz* „Berechtigung zu entscheiden" vs. *Medienkompetenz* „Fähigkeit, mit Medien umzugehen", *Käsekompetenz* „Fähigkeit, Käse herzustellen oder im Geschmack zu unterscheiden", *Beethovenkompetenz* „Fähigkeit, Beethoven zu dirigieren, zu spielen, zu singen oder über ihn Bescheid zu wissen", *Zweiradkompetenz* „Fähigkeit, Fahr- und Motorräder herzustellen, zu warten, darüber zu informieren" etc. (alle Beispiele aus dem MK). Die letzten Beispiele zeigen zudem, dass ohne Kenntnis des Kontextes oft nicht ohne weiteres erkennbar ist, worin die gemeinte Fähigkeit genau liegt.

Die in bestimmten Schulen der Linguistik übliche, auf Noam Chomsky zurückgehende Rede von *Sprachkompetenz* bzw. *sprachlicher Kompetenz* als der allgemeinen Fähigkeit, die dem entsprechenden sprachlichen Handeln (*Performanz*) zugrunde liegt, möglicherweise sogar angeboren und nicht erworben ist (s.u. Zf. 1.4), spielt in den Belegen des MK keine Rolle. In genau einem von 361 Belegen, der aus einem Tagungsbericht stammt, wird der Ausdruck *Sprachkompetenz* in diesem Sinne verwendet. In den übrigen Belegen wird mit *Sprachkompetenz* die (erlernte) Fähigkeit bezeichnet, Sprache korrekt und situationsadäquat zu verwenden; in vielen der Belege geht es darum, dass/ wie die so verstandene Sprachkompetenz zu erwerben und/oder zu vermitteln sei.

1.3 Lesekompetenz

In vielen der eben angeführten Fällen ist die Bestimmung des Grades der Kompetenz anhand des hergestellten Produkts bzw. der erbrachten Leistung vergleichsweise einfacher als im Falle von *Lesekompetenz*. Dies ist nicht zuletzt dem Umstand geschuldet, dass *Lesen*, wie im oben zitierten Lexikonartikel exemplifiziert, eine große Bedeutungsbreite hat. Es kommt also darauf an zu klären, was den gemeinsamen Kern der Kompetenz, u.a. Romane, die Zeitung, eine Notiz, eine Rechnung, im Bett oder vom Blatt zu lesen, ausmacht.

Einen Eintrag *Lesekompetenz* gibt es weder in der fünften Auflage des Duden-Universalwörterbuchs von 2003 noch in der sechsten von 2007, auch nicht in anderen neueren Wörterbüchern. Anders ist es mit dem öffentlichen Sprachgebrauch. Das MK weist im Januar 2009 232 Belege für *Lesekompetenz* auf; die frühesten datieren von 1994. In meinen Recherchen im Sommer 2003 waren das nur 40 Belege – PISA hat Spuren im Sprachgebrauch hinterlassen.

Es liegt nahe zu vermuten, dass die Bildung *Lesekompetenz* eine Lehnübersetzung aus dem englischen *reading competence* ist, denn die Struktur des Wortes fällt ein wenig auf: Im Deutschen werden mit dem Substantiv *Kompetenz* in erster Linie Substantive zusammengesetzt - bei verbalbasierten Erstgliedern wie in *Entscheidungs-, Auswahl-, Abschuss-, Selektionskompetenz* etc. wird in der Regel eine Nominalisierung als Erstglied gewählt, nicht der Verbstamm.[74] Das geschieht nur dann, wenn eine Nominalisierung mit Affix im Deutschen unüblich ist wie z.B. bei *Bierbrau-, Bügel-* oder *Lernkompetenz* (es gibt keine Nominalisierungen *Bügelung, *Bierbrauung, *Lernung) oder die Nominalisierung nur eine spezifische Lesart aktiviert wie bei *Lesung*.[75] Dies ist ein Indiz dafür, dass man *X-Kompetenz* eher auf das Kompetenzprodukt bzw. einen Gegenstandsbereich bezieht, für den sie reklamiert wird, nicht auf eine spezifische Tätigkeit. Im übrigen ist die Analyse des Wortes aber sprachlich unproblematisch; *Lesekompetenz* bedeutet soviel wie „Fähigkeit im Lesen"; dass jemand (besondere) *Lesekompetenz* zugesprochen wird, heißt nichts anderes, als dass sie/er (besonders) fähig ist zu lesen – was immer „lesen" auch sein mag (s.o.). Den Begriff *Lesekompetenz* (wissenschaftlich) zu bestimmen zwingt mithin auch dazu zu spezifizieren, was unter *Lesen* verstanden wird.

1.4 Der fachsprachliche Kompetenzbegriff

In der Sprachwissenschaft hat Noam Chomsky einen spezifischen Kompetenzbegriff geprägt. Unter sprachlicher Kompetenz, die jedem Muttersprachler zugeschrieben wird, versteht Chomsky die Kenntnis der Regeln und Prinzipien, die jeder sprachlichen Äußerung zugrunde liegen. Sprachkompetenz in diesem Sinne ist die Fähigkeit, grammatisch korrekte Äußerungen zu bilden und vorliegende Äußerungen auf ihre Grammatikalität hin beurteilen zu können. Chomskys Begriff der Sprachkompetenz ist dabei zunächst nicht mehr als eine (nicht sonderlich glückliche) Psychologisierung des von Ferdinand de Saussure der Sprachanalyse zugrundegelegten Begriffs der *langue*, des Sprachsystems. Für Saussure war der Gegensatz *langue* vs. *parole* mit dem Gegensatz sozial vs. individuell verknüpft. Eine wenig umstrittene Vorstellung ist aber die, dass

---

74 Nur 36 Belege aus dem MK sind so gebildet: *Aufzeige-, Bestell-, Bierbrau-, Brau-, Bügel-, Dirigier-, Einschreit-, Erklär-, Fernmelde-, Kümmer-, Lehr-, Lern-, Lese-, Luftreinhalte-, Melde-, Mithör-, Nachäff-, Nacheile-, Nutz-, Pflege-, Prüf-, Putz-, Radfahr-, Rechen-, Rechtschreib-, Sauberhalte-, Schreib-, Seh-, Spar-, Sprech-, Stör-, Straf-, Überroll-, Werbe-, Wohn-, Zustellkompetenz* – gegenüber gut 900 Bildungen mit nominalem Erstglied.

75 Die mögliche Bildung *Lesungskompetenz* bezeichnet etwas anderes als *Lesekompetenz*.

das Sprachsystem (*langue*) im Spracherwerb angeeignet wird und dann der jeweiligen Sprecherin als Kompetenz zur Verfügung steht; im sprachlichen Handeln (Performanz) – Sprechen und Hören, Schreiben und Lesen – wird diese Kompetenz aktiviert. Ob sprachliche Kompetenz in diesem Sinne auf angeborenen Fähigkeiten beruht, sich also im Spracherwerb quasi von selbst entwickelt, oder erworben wird, ist von der Begrifflichkeit her nicht festgelegt; allerdings haben Chomsky und seine generative Schule immer darauf bestanden, dass sprachliche Kompetenz auf angeborenen, nicht auf erlernten Strukturen beruht.

Die Kritik innerhalb der Sprachwissenschaft richtete sich u.a. auf die Enge des chomskyschen Konzepts, d.h. die Ausblendung anderer, durchaus systematisierbarer Aspekte sprachlichen Verhaltens zugunsten einer Beschränkung auf die Grammatik. In der ethnographischen Schule um Dell Hymes entstand der Begriff der *kommunikativen Kompetenz*, mit dem eine Reihe von Aspekten der chomskyschen Performanz wie auch der saussureschen Parole wissenschaftlicher Gegenstand wurden, weil sie durchaus als Fähigkeit, nicht als einfaches Verhalten zu werten sind, wie situationelle Angemessenheit, Stillagenwahl etc. In diesem Zusammenhang entwickelte sich die linguistische Pragmatik; verschiedentlich wird hier auch von *pragmatischer Kompetenz* gesprochen. In einem solcherart erweiterten Begriff von sprachlicher Kompetenz lässt sich der engere Kompetenzbegriff Chomskys als notwendige Bedingung integrieren: Volle kommunikative bzw. pragmatische Kompetenz ist nur möglich bei voll ausgebildeter Sprachfähigkeit im Sinne des Beherrschens der *langue*. Ein solches Konzept entspricht durchaus dem oben besprochenen standardsprachlichen Gebrauch von *Sprachkompetenz* bzw. *sprachlicher Kompetenz* und damit auch der oben gegebenen Lexikondefinition (2).

In der Psychologie unterscheidet man Fertigkeiten und Fähigkeiten; der Begriff *Kompetenz* umfasst beides. Unter Fertigkeit wird die Beherrschung einfacher Tätigkeiten und Arbeitsabläufe verstanden, die in einem Lernprozess erworben werden und automatisch, unreflektiert und ohne besonderen kognitiven Aufwand anwendbar sind. Teilweise wird auch von Techniken gesprochen (z.B. Handfertigkeit, Fingertechnik); die typischen Beispiele entstammen dem motorischen Bereich. Fähigkeit ist dagegen die Gesamtheit der psychischen Bedingungen, die zum Vollzug einer Tätigkeit notwendig sind, d.h. es geht um die psychische und physische Ausgangslage einer Person, die ihr das Erbringen bestimmter Leistungen ermöglicht. Fähigkeiten können anlagebedingt oder in Lernprozessen erworben sein; sie sind überdauernder Natur. Von Kompetenz spricht man in der Psychologie, wenn Person bestimmten Anforderungen begegnen und ihnen entsprechen kann. Sehr klar formuliert Groeben (2002:13f): „Es geht bei Kompetenzen um ein individuelles Potential dessen, was eine Person unter idealen Bedingungen zu leisten imstande ist, wobei sich dieses Potential in konkreten Situationen als spezifisches Verhalten bzw. Handeln manifestiert. Damit umfasst das Konzept der Kompetenz sowohl die Ebene der Fertigkeiten als auch der Fähigkeiten. … Im Kompetenz-Konzept ist damit die … Implikation einer (zeitlich) relativ stabilen, interindividuell unterschiedlichen Disposition … enthalten."

Mit diesem Konzept sind sowohl der oben dargestellte standardsprachliche wie auch der linguistische Gebrauch des Begriffs *Kompetenz* weitgehend kompatibel. Kompetenzen auf jedwedem Gebiet werden in sozialem Kontext erworben und/oder erlernt; inwiefern dabei bestimmte angeborene, insbesondere kognitive, Fähigkeiten eine Rolle spielen, ist für das Konzept als solches zunächst ohne Belang. Eine bestimmte Kompetenz lässt sich einem Individuum zu- oder auch absprechen, ohne dass dabei jeweils zu prüfen wäre, wie diese Kompetenz erworben wurde (oder auch nicht). Die in bestimmten Richtungen der generativen Schule der Linguistik angenommene Angeborenheit sprachlicher Kompetenz wie auch jedweder anderen Kompetenz steht deshalb ebenso außerhalb des alltäglichen wie des wissenschaftlichen Sprachgebrauchs wie auch die Frage, wie die jeweilige Kompetenz erworben bzw. gelehrt wurde. Diese Frage wird erst da relevant, wo es um pädagogische oder didaktische Fragestellungen geht, d.h. insbesondere darum, wie Curricula und Methoden aussehen sollen, die der Entwicklung einer bestimmten Kompetenz gelten. Wenn davon die Rede ist (Belege aus dem MK), dass es „deutschen Absolventen in der Regel an Auslandskompetenz" fehle, dass „Franzosen, Finnen, Italienern, Norwegern, Portugiesen, Ungarn oder Russen ... kaum Bierbrau-Kompetenz zugetraut" werde oder aber dass „die mündliche und schriftliche Sprachkompetenz dieses Kindes zu verbessern" wäre, dann geht es um einen Komplex von vorhandenen Fähigkeiten und Fertigkeiten und nicht um die Frage, wie diese erworben worden sind.

Dieser recht einfache Sachverhalt wird durch ein in der Kompetenzdebatte quasi ubiquitäres Zitat des zu Recht hoch angesehenen Bildungspsychologen Franz E. Weinert (2001, 27f) leider etwas verunklart. Es heißt da:

> Unter Kompetenzen versteht man die bei Individuen verfügbaren oder durch sie erlernbaren kognitiven Fähigkeiten und Fertigkeiten, um bestimmte Probleme zu lösen, sowie die damit verbundenen motivationalen, volitionalen und sozialen Bereitschaften und Fähigkeiten, um die Problemlösungen in variablen Situationen erfolgreich und verantwortungsvoll nutzen zu können.

Das Zitat ist der Prototyp eines Formulierungsunglücks, das passieren kann, wenn ein Top-Wissenschaftler versucht, einem Personenkreis außerhalb seiner Wissenschaft einen Begriff kurz und verständlich zu erklären.[76] So wird insbesondere im Bereich der

---

76 Es ist bemerkenswert, dass man in Weinerts übrigen Schriften keine äquivalente

literarisch orientierten Lesedidaktik das Zitat so verstanden, als sei Motivation ein notwendiger Bestandteil von Lesekompetenz – darauf komme ich zurück.

Die Definition besteht aus drei Teilen: Kompetenzen sind

(1)   die bei Individuen verfügbaren oder durch sie erlernbaren
         kognitiven Fähigkeiten und Fertigkeiten, um bestimmte Probleme zu lösen,

(2)   sowie die damit verbundenen motivationalen, volitionalen
         und sozialen Bereitschaften und Fähigkeiten,

(3)   um die Problemlösungen in variablen Situationen erfolgreich und
         verantwortungsvoll nutzen zu können.

Wenn man Punkt (2) einfach weglässt – wie es auch vielfach geschieht -, ist das Zitat klar: Kompetenz ist besteht darin, Probleme lösen (1) und mit den Lösungen etwas anfangen zu können (3). Punkt (2) macht aber deutlich, dass, um mit den Produkten der Anwendung der jeweiligen Kompetenz angemessen umgehen zu können, weitere Fähigkeiten (= Kompetenzen) und Bereitschaften notwendig sind – genau deshalb spricht Weinert ja auch von Kompetenzen und nicht von Kompetenz.[77] Am Beispiel: Mit *Bierbraukompetenz* bezeichnet man die Fähigkeit, gutes Bier brauen zu können; aber diese Fähigkeit reicht nicht aus, um einen Brauereibetrieb wirtschaftlich organisieren zu können (keine *betriebswirtschaftliche Kompetenz*), oder *Bügelkompetenz* reicht nicht aus, um den Ehegatten an sich zu binden (keine *Ehekompetenz?*), oder eine umfassende Kenntnis der Staaten der Erde reicht nicht aus, um Briefmarken von Maluku Selatan gewinnbringend an Philatelisten verkaufen zu können (keine *Briefmarkenkompetenz*). Ich jedenfalls verstehe das Weinert-Zitat so, dass man zwischen der einen Kompetenz, Probleme zu lösen, und weiteren Kompetenzen unterscheiden muss, die nötig sind, um das Ergebnis der Problemlösung nutzen zu zu können.

1.5 Zusammenfassung

Das Wort *Kompetenz* hat zwei Bedeutungen; es bezeichnet sowohl die Berechtigung, etwas zu tun, als auch die Fähigkeit dazu. In letzterer Funktion hat das Wort Konjunktur, sowohl allein, mit Verstärkung (*Schlüssel-, Kernkompetenz*) als auch als Zusammensetzung (*Wellness-, Gas-, Tennis-, Frische-, Lesekompetenz*). Namentlich in den Komposita geht es darum, dass für einen bestimmten Gegenstandsbereich Kompetenz signali-

---

Kompetenzdefinition findet – da ist alles immer viel klarer, und die Bestandteile der zitierten Definition sind klar voneinander geschieden.

77 Dass Weinert hier den Plural *Kompetenzen* benutzt, wird von den meisten Autoren, die diese Stelle zitieren, unterschlagen.

siert wird, d.h. wer eine X-Kompetenz aufweist, kann mit X umgehen, weiß über X Bescheid, bringt brauchbare Produkte vom Typ X zustande. Kompetenzen dieser Art hat man erworben, gelernt, sich angeeignet – oder aber man behauptet einfach, dass man sie habe. Ob das der Fall ist, kann der Kunde, Beobachter, Lehrer daran sehen, dass der Gegenstand bzw. der Bereich, den das Erstglied bezeichnet (*Wellness, Bierbrauen, Tennis, Lesen, …*), in zufriedenstellender Weise beherrscht wird. Man spricht jemandem Kompetenz in bestimmten Bereichen zu, wenn sie oder er bestimmte Aufgaben in dem benannten Bereich zu bewältigen im Stande ist und gegebenenfalls auftretende Probleme meistern kann. Dabei unterscheidet sich in dieser allgemeinen Hinsicht der umgangssprachliche Kompetenzbegriff nicht vom fachsprachlichen: Dass jemand über die entsprechende Kompetenz verfügt, beruht auf der (vermuteten oder erfahrenen) Fertigkeit und Fähigkeit auf dem betreffenden Gebiet, die man im Alltag durch Augenschein, im Wissenschaftsbetrieb durch Test feststellen kann. Zwar wird das beobachtbare Prüf- oder Testergebnis auch durch andere Faktoren geprägt, sodass z.B. auch bei ausgeprägter *Problemlösungskompetenz* manches Problem ungelöst bleibt, bei *Bügelkompetenz* manches Wäschestück nicht glatt wird oder der vorliegende Text selbst von Personen mit hoher *Lesekompetenz* überhaupt nicht verstanden wird – aber nur wenn die Dinge fortlaufend nicht gemeistert werden, also die meisten Probleme ungelöst, viele Hemden krumpelig und alle gelesenen Texte unverstanden bleiben, spricht man zurecht von fehlender X-Kompetenz oder *Inkompetenz*.

2 Lesekompetenz

2.1 Die Modelle der Lesekompetenz von PISA und IGLU

In diesem Sinne kann man mit dem Begriff *Lesekompetenz* die bei Individuen verfügbaren oder durch sie erlernbaren kognitiven Fähigkeiten und Fertigkeiten bezeichnen, die notwendig sind, um schriftliche Texte zu verstehen und damit etwas anfangen zu können. Diesen an der nordamerikanischen *Literacy*-Forschung orientierten Begriff legt auch die viel diskutierte PISA-Studie zugrunde, deren Ziel es u.a. war, auf der Basis von Lesetests die Lesekompetenz von 15jährigen zu bestimmen (Baumert et al. 2000). Aus all dem, was mit Lesen zusammenhängt, beim Lesen beobachtbar ist und aus Lesehandlungen folgt, wurde ein Kern herausgenommen – die kognitive Informationsaufnahme und ihre Weiterverarbeitung. Eine solche Begriffsbestimmung entspricht der Überlegung von Klieme, Artelt & Stanat (2002, 204), „dass man von einer allgemeinen Kompetenz nur sprechen sollte, wenn man tatsächlich den Erfolg bei einer breiten Palette von Aufgabenstellungen aus unterschiedlichen Inhaltsbereichen auf eine gemeinsame Fähigkeitendimension zurückführen kann".

Dazu wurde zum Zwecke der Messung der Lesekompetenz ein Modell erstellt. Dieses Modell ist eine analytische Kennzeichnung des Zusammenhangs von Komponenten der Lesekompetenz, keine Darstellung von Einzelprozessen. Zunächst ist zu unterscheiden zwischen textinterner Information und externem Wissen. Bei der Nutzung der textinternen Information kann der Fokus auf dem Text als Ganzem liegen oder auf Textteilen, hier wiederum eher auf Einzelinformationen oder auf Bezügen im Text. Die Hinzuziehung externen Wissens kann sich auf den Inhalt oder die Form des Textes beziehen. Es resultieren Aspekte der Lesekompetenz, deren Vorhandensein aufsteigende Lesekompetenz anzeigen (5 Kompetenzstufen):

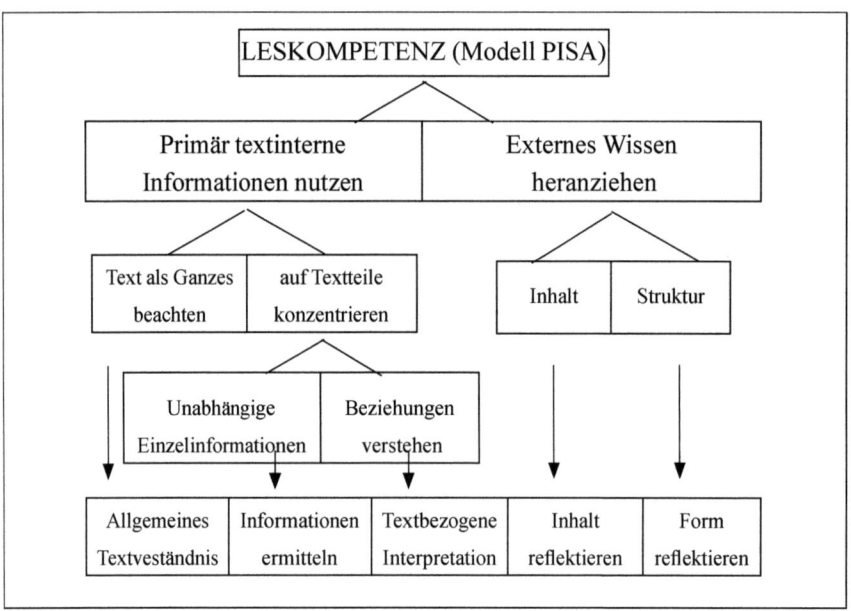

Abbildung 3: Das Modell der Lesekompetenz in PISA

Für die Auswertung in PISA wurden diese Aspekte in drei Kategorien zusammengefasst: (1) Ermitteln von Informationen, (2) textbezogenes Interpretieren, (3) Reflektieren und Bewerten. Im Prinzip besteht hier eine Rangfolge: Lediglich Informationen zu ermitteln ist eine geringere Leistung als textbezogenes Interpretieren, dieses ist weniger als reflektierte und bewertende Lektüre. Das Lernen aus Texten steht quer zu diesen Parametern. Diese Modellvorstellung ist primär kognitiv orientiert; *Lesekompetenz* ist in diesem Modell eine kognitive Fähigkeit.

Die Analysen der PISA-Daten ergaben, dass Lesekompetenz in diesem Sinne zu über 50% determiniert wird durch allgemeine kognitive Grundfähigkeiten, zu 22% durch Dekodierfähigkeiten, zu 23% durch Lernstrategien und nur zu 11% durch Leseinteresse. Die Grundidee dieses Konzepts besagt, dass das gemeinsame Element all der verschiedenen Prozesse, die wir als *Lesen* bezeichnen, und der Phänomene, die mit dieser Tätigkeit verknüpft sind, die kognitive Fähigkeit der Erfassung von Textinformationen und ihre Einbindung in die eigenen Wissensbestände ist. Dazu gehört nicht, ob gerne gelesen wird, ob dabei auch ein emotionales Engagement eine Rolle spielt, und ob anschließend mit der erlangten Information und der Einordnung in das eigene Wissenssystem erfolgreich umgegangen wird. Die Autoren der PISA-Studie gehen davon aus, dass diese Modellierung von Lesekompetenz gesellschaftsübergreifend systematische Gültigkeit beanspruchen kann.

Ein ähnliches Konzept liegt der IGLU-Studie von 2006 zugrunde, in der die Lesekompetenz von Schülern am Ende der Grundschule getestet wurde (Bos et al. 2007), vgl. Abbildung 4.

Zu den vier in der Abbildung grau unterlegten Kompetenzstufen kommt noch eine weitere, die quasi als Vorstufe betrachtet wird, das Dekodieren von Wörtern und Sätzen; sie fehlt in der Abbildung. Dazu bemerken die Autoren: „Hier sind die Kinder in der Lage, Wörter und Sätze zu dekodieren, und sie können diese in der Regel auch vorlesen. In Deutschland können dies am Ende der vierten Jahrgangsstufe in der Regel alle Kinder an Grundschulen" ((Bos et al. 2007, S. 100). Angesichts des oben genannten Ergebnisses von PISA, dass 22% der Leseleistung auf Dekodieren beruht, wie auch empirischer Beobachtungen in deutschen Hauptschulen ist diese Feststellung verwunderlich. Auf S. 95 erwähnen die Autoren passim, dass die Dekodierfähigkeit durch einen Worterkennungstest geprüft wurde. Wie man so das Dekodieren von Sätzen testen kann, ist mir ein Rätsel. Ich denke, dass hier noch effektive Forschung notwendig ist, insbesondere eine klarere Bestimmung des Konzepts „Dekodieren von Wörtern und Sätzen" und seiner Abgrenzung von den in der Abbildung gezeigten weiteren Kompetenzstufen, die anhand von Beispielaufgaben sehr anschaulich und nachvollziehbar dargestellt werden (s.a.u. Zf. 2.3).

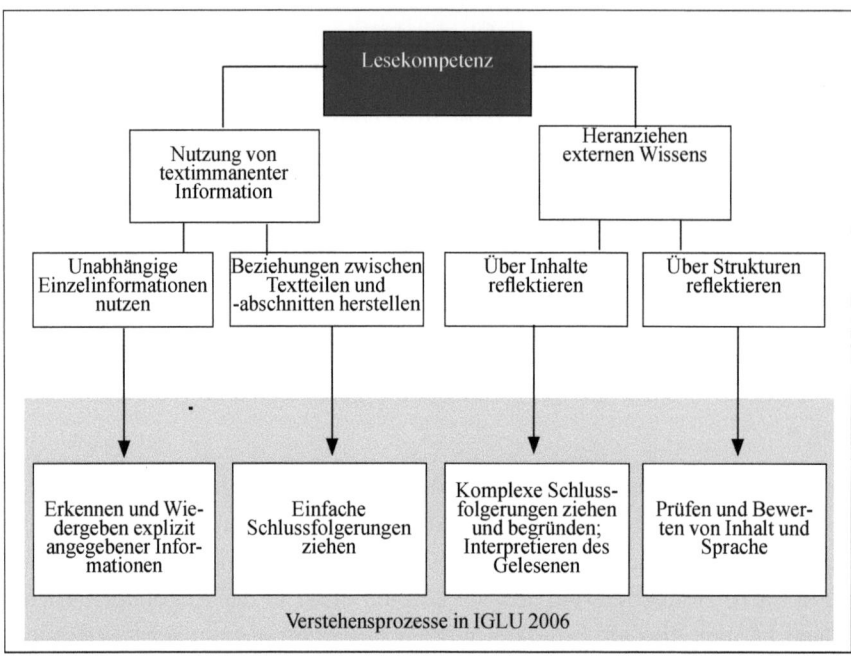

Abbildung 4: IEA: Progress in International Reading Literacy Study (PIRLS)

Einen sehr wichtigen Hinweis zu diesem Modell geben die Autoren auf S. 94f.: „Bei den Kompetenzstufen handelt es sich nicht um lerntheoretische Modelle, welche die Abfolge bestimmter Lernprozesse modellieren. … Die fachdidaktische Frage, wie und in welcher Reihenfolge Aufgaben im Leseunterricht zu planen und einzusetzen sind, wird mit den hier differenzierten Lesekompetenzstufen nicht beantwortet." Auf diesen Punkt komme ich zurück.

2.2 Didaktische Kritik an kognitiv orientierten Lesekompetenzmodellen

Zuerst im Zusammenhang des DFG-Schwerpunktprogramms *Lesesozialisation in der Mediengesellschaft* (vgl. Groeben, Hurrelmann, Eggert & Garbe 1999), später in vielen Publikationen zur Lesesozialisation und Leseförderung (z.B. Hurrelmann 2002, Rosenbrock & Nix 2008) ist an dieser Konzeption vor allem aus dem Kreise der Lesesozialisationsforschung Kritik geäußert worden. In Anlehnung an Arbeiten aus dem genannten DFG-Schwerpunkt stellten Rosebrock & Nix (2008: 25) ein Modell der Lesekompetenz aus didaktischer Sicht vor. Das Modell „benennt die verschiedenen Dimensionen des Lesens - die messbaren auf der Ebene des konkreten Leseprozesses, aber auch diejenigen auf der subjektiven und auf der sozialen Ebene, Aspekte des Lesens also, die kaum quantifizierbar scheinen und deren Verständnis doch notwendig ist, um einen für didaktische Entscheidungen tragfähigen Begriff zu begründen. Weil die verschiedenen Ebenen durchaus heterogen zueinander stehen, handelt es sich um ein Mehrebenen-Modell. Es beschreibt in seinem Kern den einzelnen Moment der Lektüre mit seiner kleinsten Einheit, der Wortidentifikation, die eingebettet ist in weitere mentale Tätigkeiten der kognitiven Verarbeitung, die ihrerseits insgesamt eingebunden sind in eine systematisch andere Dimension, nämlich in die des Verstehens und der Reaktionen des Menschen, der liest. Diese schließlich ist ihrerseits Teil sozialer Zusammenhänge, die sein Lesen mitbestimmen (Rosebrock & Nix 2008:25)."

Die drei Ebenen sind in Form eines Sektors aus drei konzentrischen Kreisen angeordnet. Auf der Prozessebene sind Wort- und Satzidentifikation, Herstellung lokaler und globaler Kohärenz, die Erkennung von Superstrukturen und schließlich die Analyse der dem Text immanenten Darstellungsstrategien lokalisiert – die Kompetenzstufen von PISA und IGLU sind durchaus wiederzuerkennen. Auf der Subjektebene geht es um das Selbstkonzept als Leser, hier spielen Wissen, Beteiligung, Motivation und Reflexion in Bezug auf das eigene Ich eine Rolle. Auf der sozialen Ebene geht es vor allem um Anschlusskommunikation: Wo und mit wem wird über gelesene Texte gesprochen – nur in der Schule, auch in der Familie, in den Peer-Groups, oder auch im kulturellen Bereich?

Die hinzugefügten Ebenen zur Modellierung von Lesesozialisation erfordern für die Subjektebene die Berücksichtigung von Lesemotivation und Emotionen. „Es geht dabei um die Fähigkeit, schriftsprachliche Texte als etwas Bedeutungsvolles wahrzunehmen, ihnen mit einer positiven Gratifikationserwartung zu begegnen, in der Rezeption Zielstrebigkeit, Ausdauer und das Bedürfnis nach Verstehen aufrechtzuerhalten ..." (Hurrelmann 2002, 13). Es scheint mir problematisch, solche Aspekte als Teil einer Kompetenz zu modellieren. Wenn ich im Folgenden als Vergleichsbeispiele *Bierbrau-* bzw. *Bügelkompetenz* heranziehe, so geschieht das nicht, um die Kritik lächerlich zu machen, sondern weil die eher spezielle Bildungsweise des Wortes *Lesekompetenz* keine anderen Vergleichsbelege zulässt.[78] Aber der Sachverhalt scheint völlig klar: Zur Herausbildung von (individueller wie sozialer) *Bierbraukompetenz* bedarf es sicherlich gewisser Motivation – andere wollen z.B. Zahnärztin, Manager, Rennfahrerin oder Germanist werden und müssen dazu entsprechende Kompetenzen erwerben. Aber es scheint mir widersinnig anzunehmen, dass die Lust am Bier konstitutiv ist für die Fähigkeit, dasselbe herzustellen; bei *Bügelkompetenz* ist es erst recht fraglich, ob Mo-

---

78 Als Vergleichsbeispiel hätte sicherlich der Ausdruck *Lernkompetenz* besser gepasst; er ist aber selbst ähnlich umstritten wie der Ausdruck Lesekompetenz.

tivation Bestandteil einer Begriffsbestimmung sein könnte. Ein Zusammenhang lässt sich bestenfalls mittelbar herstellen: Motivation zu bestimmten Tätigkeiten erhöht die Ausübungsfrequenz; dies wiederum kann die Leistung erhöhen. Ganz unbestreitbar ist, dass die Motivation, etwa *Bügelkompetenz* zu erwerben, ein wesentlicher Parameter ist, wenn die Erfolgsaussichten zu beurteilen sind, in welchem Ausmaß eine Person diese erwerben wird; aber dies ist kein Bestandteil der zu erreichenden Kompetenz.

Ähnliches gilt für die emotionale Dimension. „Sie betrifft die Fähigkeit, Texte bedürfnisbezogen auszuwählen, eigene Erfahrungen und Gefühlserlebnisse mit der Lektüre zu verbinden, ..., das Vermögen, bei Schwierigkeiten Unlust zu balancieren, nicht zuletzt die Fähigkeit zum ästhetischen Wahrnehmen und Genießen" (ebd.). Gewiss gehört zur *Bügelkompetenz* die Fähigkeit, im Hinblick auf die gesellschaftlichen Kleidungsnormen die dabei auftretende Unlust zu beherrschen, und umgekehrt kenne ich einen Biologen, dem das Bügeln von (eigenen) Hemden einen Lustgewinn bedeutet – aber seine unbestreitbare Bügelkompetenz besteht nicht in dieser emotionalen Komponente.

Besonders problematisch, weil im Kontext von Leseförderung so überaus wichtig, ist die Forderung, dass das Konzept der Lesekompetenz die Fähigkeit zur Anschlusskommunikation enthalten müsse. Zum einen will mir scheinen, dass das starke Gewicht, das PISA auf den Faktor „Bewertung" legt, im Prinzip diesen Punkt bereits berücksichtigt. Einen Text verstehen und bewerten, aber darüber nicht kommunizieren können – das scheint unlogisch. Zum anderen aber ist es wieder eine zusätzliche Kompetenz: Zur *Bügelkompetenz* gehört die Fähigkeit, die Hemden ordentlich in den Schrank zu legen oder zu hängen, ebenso wenig wie zur *Bierbraukompetenz* die Fähigkeit gehört, die Logistik des Vertriebs optimal zu organisieren oder das Produkt genussvoll zu konsumieren, vgl. meine Bemerkungen oben zur Bestimmung von Kompetenzen bei Weinert (2001).

2.3 Lesekompetenz und Lesedidaktik

In verschiedenen Beiträgen des Sammelbandes *Lesekompetenz – Bedingungen, Dimensionen, Funktionen* (Groeben & Hurrelmann 2002) wird gefordert, „den Lese- und Literaturcurricula einen weiteren Begriff von Lesekompetenz zugrunde zu legen, als dies im Rahmen des pragmatischen Grundbildungsverständnisses und kognitiven Lesekonzepts in [...] PISA möglich war" (Hurrelmann 2002: 12). Lesekompetenz wird verstanden als „Teilhabe an kultureller Praxis"; es gehe um das „hierzulande geläufige Konzept sprachlich-literarischer Bildung", um die Einführung in eine kulturelle Praxis, „zu der nicht nur das (kognitive) Verständnis von Texten, sondern der gesamte kommunikative Handlungszusammenhang gehört, in den das Lesen normalerweise eingebettet ist" (ebd.). Hurrelmann argumentiert anschließend überzeugend, dass sich solch sprachlichliterarische Bildung nicht (allein) aus Übungseinheiten entwickeln lässt, die sich an der PISA-Modellierung der Lesekompetenz orientieren. Abbildung (5) zeigt ihr Modell.

Ich hatte eingangs den Bedeutungsumfang des Wortes *lesen* kurz beleuchtet. Meine Interpretation der Kontroverse besteht darin, dass PISA und IGLU einen sehr engen Lesebegriff verwenden, die Kritiker dagegen einen sehr weiten. Die Abbildung 5 (aus Hurrelmann 2002: 16) ist für mich völlig einsichtig und sinnvoll, wenn man nicht sie nicht mit *Lesekompetenz im Sozialisationskontext* überschreibt, sondern einfach von *Lesen* spricht.

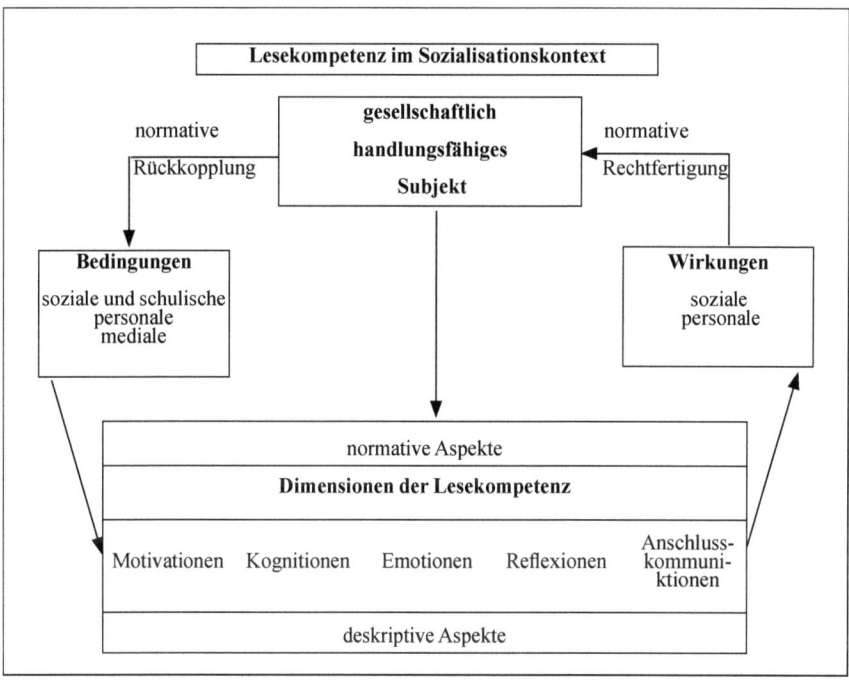

Abbildung 5: Ein didaktisch orientiertes Modell der Lesekompetenz

Im Sinne der Überlegungen oben Zf. (1) wird hier offenbar versucht, die ganze Breite des Begriffs *Lesen,* seine kulturelle Einbindung und die Art und Weise der Aneignung als Bestandteil eines Begriffs *Lesekompetenz* zu verstehen. Mit dem Begriff Lesekompetenz, etwa wie er in PISA oder IGLU verwendet wird, wird aber der Kern der Leseleistung beschrieben und nicht die Gesamtheit aller irgendwie mit dem Konzept *Lesen* zusammenhängenden Phänomene. Es geht also Hurrelmann (2002), Rosebrock & Nix (2008) und vielen anderen eigentlich nicht um die Definition des Begriffs *Lesekompetenz*, sondern vielmehr um die Frage, wie Lesekompetenz zu erwerben und zu lehren ist, gegebenfalls auch, wie ihre gestörte Aneignung zu zu fördern ist. Dies scheint mir die gewünschte Leistung des Begriffs *Lesekompetenz* deutlich zu überfordern.

Kompetenzen müssen ermittelbar sein, messbar an Handlungen und deren Ergebnissen. Wie bei der Bestimmung aller Kompetenzen muss auch bei der Bestimmung von Lesekompetenz von durch zusätzliche Faktoren (Emotion, Motivation, Konzentration etc.) beeinflussten Daten auf die zugrundeliegende Lesekompetenz geschlossen werden. Diese Kompetenz ist ein Konstrukt. Es scheint aber gerade deshalb wenig fruchtbar, einem solchen nicht direkt beobachtbaren Konstrukt eine Überfülle an Merkmalen zuzuordnen; vielmehr empfiehlt es sich, das Konstrukt *Lesekompetenz* möglichst schlank zu halten (s.o. das Zitat von Klieme et al. 2003). Ob die Modelle von PISA, IGLU oder DESI und insbesondere ihre messende Verschlankung der Weisheit letzter Schluss sind, darf mit Fug und Recht bezweifelt werden – ist z.B. die Fähigkeit, über Textformen zu reflektieren, wirklich ein zeitgemäßer und besonders hoch zu bewertender Parameter, oder ist „allgemeines Textverständnis" wirklich so niedrig zu bewerten, wie PISA das tut, und wie steht es mit der Rolle der Dekodierfähigkeit?

An dieser Stelle ist deshalb eine wichtige Tendenz aller Beiträge in Groeben & Hurrelmann (2002) zu berücksichtigen. Nicht nur die Leistungsmessung der Kompetenz ist grundsätzlich normativ orientiert. Es gibt keine quasi aus sich selbst heraus definierte, von Gesellschaft und Zeit unabhängige Lesekompetenz. Die erwartete Fähigkeit ist gesellschaftlich determiniert; ein Konzept von Lesekompetenz muss „die *normative Leitidee* explizit machen, an der [die] pädagogischen Prozesse der Bildung schriftsprachlicher Kommunikationsfähigkeit letztlich orientiert sind" (Hurrelmann 2002). Es hat nun aber den Anschein, als sind die gesellschaftlichen normativen Vorstellungen in einem systematischen Wandel begriffen. Insbesondere kann gefragt werden, ob die Teilhabe an literarischer Praxis zu diesen Normen gehört.[79] Es scheint zudem durchaus möglich, dass Lesekompetenz im Sinne von PISA eine potentielle Lektüreleistung literarischer Texte impliziert *ohne* dass diese Gegenstand didaktischer Unterweisung gewesen wären. Dies scheinen die meisten der PISA-kritischen Stellungnahmen aus dem Bereich der Literaturdidaktik zu verneinen, die vielmehr die umgekehrte Denkrichtung aufweisen, überspitzt: keine Lesekompetenz ohne Übungen im Lesen fiktiver/literarischer Texte. Dies aber ist durchaus keine Selbstverständlichkeit und auch keine empirisch belegte Hypothese, sondern auch eine gesellschaftliche Normsetzung. Lesekompetenz muss als die zugrundeliegende Fähigkeit beim Lesen beliebiger Texte in Relation zum vorhandenen allgemeinen Wissensstand gekennzeichnet werden.

Worauf es dann ankommt, ist, die Stadien der Entwicklung dieses Konzepts zu modellieren und empirisch zu belegen. An dieser Stelle greift die oben Zf. 1.1 erwähnte Unterscheidung von basaler Lesefähigkeit und Textlesefähigkeit. Auf einer ersten Stufe der Leseentwicklung geht es um das, was im Rahmen der angelsächsischen Forschung

---

79 Das ist ausdrücklich eine Frage, keine Infragestellung.

als Dekodierfähigkeit bezeichnet wird. Dass dies mehr ist als die Umsetzung von einzelnen Buchstaben in einzelne Laute, ist inzwischen hinreichend belegt (Günther 2000 sowie die dort genannte Literatur). Die Entwicklung lässt sich so modellieren, dass die basalen Lesefähigkeiten zu einem bestimmten Zeitpunkt automatisiert werden und dann bewusster Kontrolle nicht mehr ohne weiteres zugänglich sind (für einen Überblick eines gegliederten Ebenenmodells der kognitiven Vorgänge beim Lesen vgl. Richter & Christmann 2002). Entgegen einer vielfach geäußerten Vorstellung ist es nun aber nicht so, dass erst danach das verstehende kompetente Lesen im weiteren Sinne erfolgt, so als werde vorher grundsätzlich ohne Verstehen gelesen. Mit Vorsicht lässt sich hier vorschlagen, dass in einem gewissen Sinne das basale Lesen im Sinne von Entziffern von Buchstaben, Wörtern und Sätzen, Dekodieren also, eine zu erlernende Fertigkeit ist (so wird das z.B. im DaF-Bereich gesehen), die für Lesefähigkeit im weiteren Sinne eine logische Voraussetzung ist, aber nicht notwendig eine zeitliche.

Systematisch hat aber die fachliche Bestimmung des Begriffs *Lesekompetenz* zunächst nichts damit zu tun, wie und in welchen Abschnitten diese Kompetenz erworben wird. In der Forschung hat sich dabei die Unterscheidung von Lesedidaktik als dem (heute) primär schulischen Vorgang und der Lesesozialisation als der zusätzlichen (oder eben doch primären) ausserschulischen Faktoren des Erwerbs der Lesefähigkeit herauskristallisiert. Sehr vergröbernd lässt sich sagen, dass die schulische Lesedidaktik sich an den den vor- und außerschulischen Lesesozialisationsbedingungen orientieren muss.

3   Schlussbemerkung

Ganz ohne Zweifel kann sich keine Didaktik darauf beschränken, nur den kürzesten direkten Weg zu einer je messbaren Kompetenz zu modellieren. Insbesondere muss Lesedidaktik so breit und differenziert angelegt sein, dass die angestrebte Kompetenz auf verschiedene Weise erreicht werden kann, und sie kann sich nicht darauf beschränken, das zu vermitteln, was gemessen werden kann. Das Ziel der didaktischen Bemühungen – früher sprach man von Lernzielen – muss es sein, dass möglichst alle Schülerinnen und Schüler die jeweilige gesellschaftlich bestimmte Kompetenz auf optimalem Wege erreichen und so gut wie möglich anwenden können.

Ganz ohne Zweifel kann aber andererseits *Lesekompetenz* nicht allein durch die verfügbaren Messverfahren bestimmt werden. Wenn es einen gesellschaftlichen Konsens darüber gibt, dass z.B. auch der Umgang mit literarischen Texten oder mit Comics zur Lesekompetenz gehört, dann muss geklärt werden, mit welchen Mitteln die jeweils erreichte Kompetenzstufe bestimmt werden kann. Dabei ist es aber auch nicht sinnvoll, davon auszugehen, dass der Begriff der Lesekompetenz allein aus den Gegebenheiten der Lesedidaktik heraus definiert wird.

Es mag verwundern, dass ich diesen Aufsatz Bettina Hurrelmann widme. Aber ohne die Bearbeitung ihrer bahnbrechenden Arbeiten zu Lesesozialisation hätte ich über die Fragen dieses Artikels nie nachdenken können, auch wenn ich an vielen Punkten zu anderen Schlussfolgerungen komme. Vor allem aber ist die Bestimmung des Begriffs Lesekompetenz ein Kinderspiel gegenüber der Aufgabe einer adäquaten Lesedidaktik im Sozialisationskontext – um die aber geht es in erster Linie.

4 Literatur

Baumert, J.; Klieme, E.; Neubrandt, M.; Prenzel, M.; Schiefele, U.; Schneider, W.; Stanat, P.; Tillmann, K.-J. & Weiß, M. (Hrg.). *PISA 2000. Basiskompetenzen von Schülerinnen und Schülern im internationalen Vergleich.* Opladen: Leske & Budrich.

Duden. 1978. *Das große Duden Wörterbuch in 6 Bänden.* Mannheim: Bibliographischer Verlag.

Duden. 2003/2007. *Duden Universalwörterbuch.* Mannheim: Bibliographischer Verlag.

Groeben, N., Hurrelmann, B., Eggert, H. & Garbe, C. (1999). *Das Schwerpunktprogramm Lesesozialisation in der Mediengesellschaft.* In: N. Groeben (Hrg.), Lesesozialisation in der Mediengesellschaft. Ein Schwerpunktprogramm (10. Sonderheft IASL). Tübingen: Niemeyer, 1-26.

Hurrelmann, B. (2002). *Leseleistung - Lesekompetenz. Folgerungen aus PISA, mit einem Plädoyer für ein didaktisches Konzept des Lesens als kultureller Praxis.* Praxis Deutsch, 29 (176), 6-18.

Hurrelmann, Bettina & Groeben, Norbert. 2002. *Lesekompetenz, Lesesozialisation und Medien.* München: Juventa.

Klieme, Eckart; Artelt, Cordula & Stanat, Petra. 2002. *Fächerübergreifendes Kompetenzen: Konzepte und Probleme.* In: F.E. Weinert, 204-218.

Noack, Christa. (in Vorb.). *Phonologische Rekodierfähigkeit als basale Lesekompetenz. Eine empirische Untersuchung mit leseschwachen Hauptschülern.*

Paul, Hermann. 2002. *Deutsches Wörterbuch.* 5. Auflage. Tübingen: Niemeyer.

Rosebrock, Corniela & Nix, Daniel. 2008. *Grundlagen der Lesedidaktik und der systematischen schulischen Leseförderung.* Hohengehren: Schneider.

Bos, Wilfrid; Hornberg, Sabine; Arnold, Karl-Heinz; Faust, Gabriele; Fried, Lilian; Lankes, Eva-Maria; Schwippert, Knut & Valtin, Renate. 2007. *IGLU 2006 - Lesekompetenzen von Grundschulkindern in Deutschland im internationalen Vergleich.* Münster: Waxmann.

Richter, Tobias & Christmann, Ursula. 2002. *Lesekompetenz: Prozessebenen und interindivuduelle Unterschiede.* In: Groeben & Hurrelmann, 25-58.

Weinert, Franz E. (2002). *Vergleichende Leistungsmessung in Schulen - eine umstrittene Selbstverständlichkeit.* In: F. E. Weinert, S. 17–31.

Weinert, Franz E. (Hrg.). 2002. *Leistungsmessungen in Schulen.* Weinheim und Basel: Beltz (2. Aufl.).

Konzeptionelle Schriftlichkeit – eine Verteidigung

Für Wolfgang Raible

1 Mündlichkeit und Schriftlichkeit – Medium und Konzeption

In der Deutschdidaktik ist der Begriff *konzeptionelle Schriftlichkeit* in den letzten Jahren bis in die Lehrerhandreichungen von Schulbüchern hinein zu einem Basiskonzept geworden, das nicht weiter diskutiert wird; dabei wird oft auf meinen Beitrag *Erziehung zu Schriftlichkeit* von 1993 verwiesen, der in diesem Band als erster Titel wieder abgedruckt ist. Darin beziehe ich mich vor allem auf einen Aufsatz von Peter Koch und Wulf Oesterreicher aus dem Jahre 1986, die im Anschluss an den Romanisten Ludwig Söll den Versuch unternommen hatten, die Unterschiede zwischen gesprochener und geschriebener Sprache – einem seit langem diskutierten Problem an der Schnittstelle von Sprachtheorie, Texttheorie, Stilistik und Sprachdidaktik – auf eine neuartige Weise zu bestimmen. Die Autoren unterscheiden zwischen Medium und Konzeption: „Beim Medium sind die Begriffe ‚mündlich/schriftlich‘ dichotomisch zu verstehen … Bei der Konzeption bezeichnen die Begriffe ‚mündlich/schriftlich‘ demgegenüber die Eckpunkte eines Kontinuums. Man vergleiche in dieser Hinsicht die Abstufungen zwischen Äußerungsformen wie ‚familäres Gespräch‘, ‚Privatbrief‘, ‚Gesetzestext‘ usw.“. Zwischen Medium und Konzeption bestehen gewisse Affinitäten: „Ein familäres Gespräch verbleibt eben normalerweise im phonischen Medium, ein Gesetzestext wird in aller Regel graphisch gespeichert“ (Koch & Oesterreicher 1994: 587). Der Unterschied wird im folgenden Schema gut fassbar (Koch & Oesterreicher 2007: 348):

		KONZEPTION	
		gesprochen	geschrieben
MEDIUM	graphisch	dt. das ist ne wichtige Angelegenheit fr. faut pas le dire e. I've got a car	dt. das ist eine wichtige Angelegenheit fr. il ne faut pas le dire e. I have a car
	phonisch	dt. [ˈdasnəˈvɪçtjə ˀaŋgəˌleŋhaɪt] fr. [fopalˈdiːʀ] e. [aɪvˌgɒtəˈkaː]	dt. [ˈdas ˀɪst ˀaɪnə ˈvɪçtɪgə ˀangəˌleːgŋhaɪt] fr. [ilnəfopaləˈdiːʀ] e. [aɪˌhævəˈkaː]

Abbildung 1: Medium und Konzeption nach Koch/Oesterreicher 2007

Worum es den Autoren in erster Linie geht ist, dass die Beziehung zwischen Medium und Konzeption nicht zwingend ist; denn z.B. „der wissenschaftliche Vortrag ist [...] trotz seiner Realisierung im phonischen Medium konzeptionell ‚schriftlich', während der Privatbrief trotz seiner Realisierung im graphischen Medium konzeptioneller ‚Mündlichkeit' nähersteht" (Koch & Oesterreicher 1994: 587). Hinter dieser Unterscheidung steht die Beobachtung, dass in einer verschrifteten Sprache der Übergang vom einen ins andere Medium systematisch immer möglich ist: Jeder gesprochene Satz kann aufgeschrieben, jeder Text laut vorgelesen werden. Weil das so ist, gibt es im heutigen Deutsch keine sprachlichen Strukturen, die nur in medial schriftlichen oder nur in medial mündlichen Äußerungen verwendet werden können (Steger (1987). Dennoch bleibt auch die transferierte Äußerung in ihrem Bereich konzeptioneller Mündlichkeit oder Schriftlichkeit, wie Abbildung (1) exemplifiziert; das vorgelesene Märchen, Gedicht, Gesetz – sie bleiben in ihrem „Duktus" schriftlich, so schon Behaghel (1899).

Nun haben Koch & Oesterreicher schon in ihrem grundlegenden Aufsatz von 1986 betont, dass ihre Unterscheidung von konzeptioneller Mündlichkeit und Schriftlichkeit auf einen tieferen Unterschied zurückgehe, den es auch ohne die unterschiedliche Medialität gebe; sie sprechen von Sprache der Nähe und Sprache der Distanz. So seien Privatbriefe und Geschäftsbriefe beide medial schriftlich, aber in der Regel sei der Privatbrief eher nähesprachlich, der Geschäftsbrief eher distanzsprachlich. Die Festrede und die Liebeserklärung seien beide medial mündlich, aber erstere in der Regel distanz-, letztere immer nähesprachlich. Unterschiede nähe- und distanzsprachlicher Sprach- und Äußerungsformen aber seien nicht ursächlich an den medialen Unterschied mündlich vs. schriftlich gebunden, nicht zuletzt deswegen nicht, weil sie schon in präliteralen Gesellschaften zu beobachten seien. In einem neueren Beitrag von 2007 insistieren die Autoren auf dieser (in der wissenschaftlichen Diskussion bislang nur selten ernsthaft diskutierten) Position, dass die Unterscheidung von konzeptioneller Mündlichkeit und Schriftlichkeit tatsächlich keine mediale Basis hat: „Wenn man ältere, noch medial kontaminierte Definitionsversuche von ‚Mündlichkeit' und ‚Schriftlichkeit' daraufhin durchmustert, was übrig bleibt, wenn sie ihrer medialen Komponenten entkleidet werden, stößt man unweigerlich auf eine Reihe von letztlich anthropologisch fundierten Gesichtspunkten, die jeder menschlichen Kommunikation zugrunde liegen" (S.350). Die Affinitäten zwischen bestimmten Äußerungsformen zu Mündlichkeit bzw. Schriftlichkeit seien Erscheinungen der Oberfläche; die eigentliche Unterscheidung, die sich in der Differenz von mündlicher und schriftlicher Sprache nur widerspiegele, die von Nähe und Distanz, sei eine anthropologische Konstante vor aller Schriftlichkeit. „Es geht hier um das kommunikative Handeln der Gesprächspartner im Verhältnis zueinander und im Blick auf die sozialen, situativen und kontextuellen Gegebenheiten", wobei sich bestimmte Parameter wie Privatheit, starke emotionale Beteiligung, Situations*ein*bindung, referenzielle Nähe, Spontaneität einerseits vs. Öffentlichkeit, wenig emotionale Beteiligung, Situations*ent*bindung, referenzielle Distanz usw. andererseits bestimmen lassen als die Extrempunkte des Kontinuums zwischen kommunikativer Nähe und kommunikativer Distanz. „Wir machen uns dabei die metaphorische Potenz der Wörter ‚Nähe' und ‚Distanz' zunutze, um die Kombinationen von Parameterwerten als ganze zu erfassen" (S. 351).[80] Dies wird anschließend am Beispiel eines Vorstellungsgesprächs illustriert, in dem die unterschiedlichen Parameter von Kommunikationssituation und Versprachlichung auf die Pole von Nähe und Distanz durchaus unterschiedlich verteilt sind, d.h. dass ein Vorstellungsgespräch z.B. bezüglich der Parameter Face-to-Face-Situation, Dialogizität und eine gewisse Privatheit Merkmale konzeptioneller Mündlichkeit trägt, bezüglich der Parameter Fremdheit der Kommunikationspartner, formale und referentielle Distanz etc. Merkmale konzeptioneller Schriftlichkeit. In der wesentlichen Zielrichtung ihres Aufsatzes entwickeln die Autoren anschließend ein Modell des Varietätenraums, in dem diatopische, diastratische und diaphasische Sprachunterschiede im Zusammenspiel der Differenz von Nähe- und Distanzsprache verortet werden (S.355). Diese werden gleichwohl anschließend wieder zusätzlich mit den offenbar als synonym betrachteten Termini „gesprochene vs. geschriebene Sprache" benannt, was angesichts der Zielsetzung, die Amedialität der Unterscheidung von Nähe- und Distanzsprache zu begründen, doch einigermaßen verblüfft.

---

80 Es sei dahingestellt, ob diese Bemerkung den Gebrauch der Ausdrücke „Nähe" und „Distanz" als wissenschaftliche Begriffe nicht eher diskreditiert.

Mustert man die detaillierte Diskussion ihres Modells des Varietätenraums, das auf der Folie von Nähe und Distanz Aspekte von Dialekten, Sprachschichten und Sprachgeschichte auf den diastratischen Ebenen in einen komplexen Zusammenhang bringen soll, so stellt man erstaunt fest, dass sich diese (insgesamt durchaus überzeugende) Darstellung insbesondere in den historischen Erwägungen durchweg auf das Zusammenspiel von Mündlichkeit und Schriftlichkeit bezieht.[81] Mehr noch: Beispiele für die postulierte medium-, d.h. schriftunabhängige Distanzsprachlichkeit sind Mangelware. Es gibt eigentlich nur einen Hinweis auf mündliche Distanzdiskurse in schriftlosen Kulturen, die ja das zentrale Beweismittel wären: „Die Distanzdiskurse – man könnte hier von Formen elaborierter Mündlichkeit sprechen – (Rechtsformeln, Zaubersprüche, Rätsel, mündliche Dichtungen usw.) – funktionieren auf Grund der medialen Vorgaben ganz anders als in schriftlichen Kulturen, heben sich jedoch zugleich, z.B. auf Grund ihrer Formelhaftigkeit, deutlich von Nähediskursen des Alltags ab" (S. 357).[82] Die Zirkularität ist offensichtlich: Konzeptionelle Schriftlichkeit ist „eigentlich" medienunabhängige Distanzsprachlichkeit, die aber „aufgrund der medialen Vorgaben" in schriftlosen Gesellschaften anders funktionieren soll!

2   Kritik

Ganz ohne Zweifel ist die Unterscheidung von Nähe- und Distanzsprachlichkeit in der Varietätenlinguistik durchaus nützlich und vielfach anwendbar. Ihre Gleichsetzung mit konzeptioneller Mündlichkeit/Schriftlichkeit dagegen scheint mir weder genügend motiviert noch zielführend und im didaktischen Bereich, nicht zuletzt aufgrund ihrer metaphorischen Anklänge, wenig nützlich. Im Folgenden geht es darum, den Begriff *konzeptionelle Schriftlichkeit* zu verteidigen, gegebenenfalls auch gegen die Hypostasierungen, die seine Urheber dazu formuliert haben. Zuvor sollen aber einige weitere Kritikpunkte genannt werden, die in den letzten Jahren gegen den Ansatz von Koch & Oesterreicher (1986, 1994) vorgebracht wurden.

(1)   Es ist bei den Autoren nie völlig klar, ob sie über mündliche/schriftliche Sprache, Äußerungsformen, Äußerungen oder alles zugleich sprechen. Zwar beziehen sie sich in den meisten Fällen auf bestimmte Sprachkonstellation oder typische Äußerungs-

---

81 Genauer: Die Beispiele für typische Nähe sind medialer Mündlichkeit affin, die für Distanz medialer Schriftlichkeit.

82 Es ist bekannt, dass Distanzsprachliches wie Rechtssprüche, Tabus, Dichtung in Gesellschaften auf der Schwelle oder im Übergang zur Schriftlichkeit seine Wirkung verliert, vgl. Ehlich (1994).

formen; es tauchen aber auch Beispiele auf, in denen verschiedene mediale Formen von einzelnen Äußerungen/Sätzen verglichen werden (z.B. oben Abbildung 1).

(2)　　Im Zusammenhang mit dieser Unklarheit steht das Problem, dass die Unterscheidung zwischen Kommunikationsbedingungen (privat vs. öffentlich, dialogisch vs. monologisch, spontan vs. reflektiert, etc.) und Versprachlichungsstrategien (Planungsaufwand, Kontext, Para- vs. Hypotaxe, etc.) nicht stringent ist und dass zudem deren Zuordnung zum Nähe- bzw. Distanzbereich (s.o.) eher noch vager ist als die zu (konzeptioneller) Mündlichkeit oder Schriftlichkeit.

(3)　　Nicht nur Fehrmann & Linz (2009: 125) weisen darauf hin, dass der mediale Unterschied auf das Konzept von Codes reduziert wird. Zwar wird dieser Ausdruck in Koch & Oesterreicher (2007) vermieden, dennoch wird zur Unterscheidung phonisch/ graphisch (im Sinne von medial mündlich/schriftlich) eigentlich nur die jederzeitige Überführbarkeit vom einen in das andere Medium angesprochen. Codes aber, stellen Fehrmann & Linz (2009: 125) fest, sind „per definitionem systematische Zeichendimensionen und keine medialen Realisationsformen. Entsprechend spielen die Differenzen zwischen phonischen und graphischen Realisationen, etwa Fragen nach dem Einfluss stimmlicher bzw. räumlich-visueller Qualitäten, für die Analyse unterschiedlicher Kommunikationsformen kaum eine Rolle." Im Prinzip handele es sich bei der Theorie konzeptioneller Schriftlichkeit um „eine Medientheorie ohne Medien", so der provokante Titel ihres Beitrags. Während die Feststellung der grundsätzlichen Überführbarkeit sprachlicher Äußerungen von einem in das andere Medium in hochliteralisierten Gesellschaften ohne Zweifel zutrifft, sei die Implikation einer Äquivalenz der beiden Formen fraglich. Das Medium schafft offenbar andere Wahrnehmungen – das gesprochene Gedicht, das gedruckte Interview sind auch sprachlich nicht mehr „dasselbe", selbst wenn sie „wörtlich" identisch sind.

3　Die Nützlichkeit des Begriffs *Konzeptionelle Schriftlichkeit* für die Sprachdidaktik

Die angeführten Kritikpunkte sollen hier nicht im einzelnen besprochen werden. Wichtiger scheint mir zu sein, herauszuarbeiten, inwiefern die Unterscheidung von konzeptioneller Mündlichkeit und Schriftlichkeit insbesondere im didaktischen Bereich sinnvoll bleibt, ja für eine adäquate Modellierung des Erwerbs von Schriftlichkeit unabdingbar ist. Dabei sollte sich zeigen, dass die genannten Kritikpunkte die Brauchbarkeit des Konzepts nicht in Frage stellen.

3.1 Medium vs. Konzeption

Der wichtigste Punkt für die Sprachdidaktik ist die Unterscheidung von Medium und Konzeption. Nur mit ihr wird es möglich zu verstehen, warum Lesen und Schreiben Lernen ein so komplexer Prozess ist. Wäre Schrift nur ein anderes Medium oder nur ein anderer Code für die Lautsprache, so hätten Kinder im Erstlese- und Schreibunterricht nur die Übersetzung vom einen in den anderen Code zu lernen, was ihnen ein Leichtes wäre, wie ihre ingeniösen selbsterfundenen Geheimsprachen zeigen. Die Ansicht, Schriftspracherwerb sei nicht mehr als der Erwerb einer Dekodiertechnik, ist ohne Zweifel nach wie vor verbreitet, aber bekanntlich falsch. Für die Entwicklung des modernen alphabetischen Schriftsystems und seiner Anwendungsmöglichkeiten brauchte die Menschheit mehr oder weniger 3000 Jahre, die meisten Menschen verbringen damit, Schriftlichkeit beherrschen zu lernen, weit mehr Zeit als die Grundschule dauert. Offenbar transportiert Schrift viel mehr, als es ein bloßer Code (oder ein anderes Medium) dies könnte. Das zu wissen ist unabdingbar für eine Lehrkraft, die Lesekompetenz und Schreibfähigkeit, aber auch Gesprächsfähigkeit und Vortragskompetenz vermitteln will: Auch wenn gesprochen wird, liegt häufig konzeptionelle Schriftlichkeit vor, d.h. Sprachdidaktik ist Didaktik konzeptioneller, nicht nur medialer Schriftlichkeit. Wie unten in den Beispielen noch exemplarisch gezeigt wird, betrifft das alle sprachlichen Ebenen – von der Ebene der Grapheme/Phoneme über Wortschatz und Syntax bis zur Textebene.

3.2 Medien-Transfer

Koch & Oesterreicher (2007: 349) zitieren zu diesem Punkt Lyons (1981: 11): „ … it is possible to read aloud what is written and, conversely, to write down what is spoken … we will say that language has the property of *medium transferability*." Lyons geht es in diesem Zusammenhang um die Einführung des Konzepts der Langue bzw. Kompetenz: Danach ist Sprache Form, keine Substanz, und deshalb vom Medium unabhängig. Sprachtheoretisch heißt das, dass man für die verschiedenen Äußerungen in Abbildung (1) oben *einen* zugrundeliegenden Satz annehmen kann.[83] Es kommt in diesem Zusammenhang nicht darauf an, ob dieser sprachtheoretische Ansatz zutrifft oder nicht – wesentlich ist, dass man auf dieser Ebene der Analyse davon ausgeht, dass der

---

83 Vorsichtiger ausgedrückt würde man sagen, dass die Sätze regulär aufeinander beziehbar sind oder auch, dass die Sätze der gesprochenen Varietät durch Reduktion aus deren Explizitformen entstehen. Dies ist aber für die folgende Diskussion nicht von Belang.

je geschriebene und dann vorgelesene Satz, der gesprochene und dann aufgeschriebene Satz identisch sind.[84]

Diese – innerhalb einer spezifischen sprachwissenschaftlichen Domäne sehr sinnvolle – Analyse ist für das vorliegende Problem aus zwei Gründen gerade nicht einschlägig. Zum einen kann sich die Vorstellung, dass ein und derselbe Satz einmal in diesem Medium, einmal in einem anderen Medium vorliegen oder geäußert werden kann, überhaupt erst als Folge des erfolgreichen Schriftspracherwerbs entwickeln. Das ist nicht trivial. Kinder können auch vor dem eigentlichen Schriftspracherwerb Symbole als Zeichen für etwas verstehen, und zwar auch bestimmte Schriftzeichenfolgen. Dass aber (in dem eben besprochenen Sinn) alles, was gesagt werden kann, auch geschrieben werden kann und vice versa und dass das beides in gewisser Weise „dasselbe" sein soll, ist zunächst keineswegs selbstverständlich; noch schwieriger zu verstehen ist aber, dass man mit diesen „gleichen" Sätzen, Wörtern usw. dennoch ganz verschiedene Dinge machen kann.

Zum anderen ist es nicht der Normalfall, dass Äußerungen transferiert werden: Wir lesen und schreiben leise, wir sprechen und hören im lautsprachlichen Medium. In beiden Fällen spielt das jeweils andere Medium keine wesentliche Rolle. Am Beispiel des Lesens: Leises Lesen z.B. bedeutet *nicht*, dass das Geschriebene im Geist in Gesprochenes umgewandelt wird. Jeder Medienwechsel hat Folgen für die Verarbeitung der sprachlichen Äußerung. Denn wie käme es sonst dazu, dass das abgedruckte Interview, sei es noch so genau, anders wirkt als das im Radio gehörte, das gesprochene Gedicht anders als das gelesene? Dieser Punkt, der in der Kritik an Koch & Oesterreicher oft genannt wird, soll allerdings hier nicht weiter vertieft werden, denn es geht den beiden ja gerade nicht um eine Medientheorie. Sprachdidaktisch ist es natürlich unabdingbar, auch die unterschiedlichen Wirkungsweisen der medialen Realisation von Sprache zu thematisieren, zu der ja neben Laut- und Schriftsprache noch weitere Möglichkeiten kommen. Mit der Unterscheidung konzeptioneller Mündlichkeit/Schriftlichkeit hat das nur mittelbar etwas zu tun, nämlich insofern, als die Wahl des Mediums auch die Wahl mediumsaffiner Sprach- und Kommunikationsmittel nahelegt.

3.3 Erwerb der Schriftlichkeit

Die zentrale Aufgabe der Schule ist die institutionelle Organisation des Erwerbs der Schriftlichkeit. Kinder kommen in die Schule, um von Wissenden Lesen und Schreiben

---

84 Dass die Idee einer amedialen abstrakten Sprachstruktur, die den tatsächlichen, in irgendeinem Medium realisierten Äußerungen zugrunde liegt, ihrerseits schriftinduziert, wenn nicht gar ohne das Medium Schrift überhaupt nicht denkbar ist, ist eine weitere Fragestellung, die hier nicht weiter entwickelt werden kann (vgl. Stetter 2005).

zu lernen und so in einer literalen Kultur wie der unseren sprachlich handlungsfähig zu werden, insbesondere mit jeder Art von Texten und Sprachformen mündlich wie schriftlich umgehen zu können. Diese neuen Text- und Sprachformen sind durch die Bank genuin schriftlich oder schriftbasiert: Erzählungen, Berichte, Wörterbücher, Satzperioden, Vorträge etc., auch wenn sie im phonischen Medium daherkommen.

Nirgends zeigt sich das besser als in dem vieldiskutierten Bereich von Lesekompetenz/Lesesozialisation. Ein unbestreitbares Ergebnis der neueren Lesesozialisationsforschung ist es, dass ein schriftorientiertes Elternhaus, in dem gelesen und vorgelesen wird, den Erwerb des Lesekompetenz deutlich begünstigt (vgl. Hurrelmann 2002). Es macht weder Sinn, den nachgewiesenen Vorteil schon beim Erwerb der basalen Lese- und Schreibfertigkeiten im Bereich der Dekodierfähigkeit allein zu suchen, noch, ihn auf das frühe Verfügen über einen sprachlichen Distanzbereich zurückzuführen. Es ist der Zusammenhang besonderer Sprachformen mit der schriftlichen Existenzweise, die hier prägend wirkt: Der Vater liest aus einem Märchenbuch vor, die Mutter liest die Zeitung, die Schwester einen Brief, und diese Tätigkeiten, der Umgang mit dem Medium Schrift, ist Alltagstätigkeit, zwischen den Medien wird ständig hin und her gewechselt; bereits in die mündliche Alltagssprache fließt der „Duktus" der konzeptionellen Schriftlichkeit ein. Konzeptionelle Mündlichkeit und Schriftlichkeit, so habe ich schon 1993 geschrieben, bestehen nicht neben-, sondern sozusagen durcheinander.

Und genau das ist wohl die Hauptschwierigkeit: Kinder müssen erst lernen, den von Koch/Oesterreicher konstatierten grundsätzlich immer möglichen Transfer aus dem einen in das andere Medium überhaupt zu leisten, zu spüren, dass sich Sprache und ihre Formen irgendwie ändern, wenn gelesen wird, und zwar auf allen Ebenen. So haben schwache Vorleser nicht nur auf der Dekodierebene Probleme. Sie verfügen noch nicht über die Fähigkeit, bestimmte Wörter, syntaktische Konstruktionen und Textstrukturmuster anwenden zu können, und zwar u.a. deswegen nicht, weil sie in der ihnen vertrauten mündlichen Sprache in der Regel nur selten oder gar nicht vorkommen. Dass sie dort nicht vorkommen hat gute Gründe: In der prototypischen mündlichen Konstellation der Face-to-Face-Interaktion sind z.B. Satzperioden oder komplexe Komposita unangebracht, die in anderen Konstellationen konzeptioneller Schriftlichkeit wie dem wissenschaftlichen Vortrag gang und gäbe sind. So urteilte schon Behaghel (1899), der vom unterschiedlichen Duktus der Sprache in solch unterschiedlichen Situationen sprach.

3.4 Beispiele

Zur Verdeutlichung sei noch einmal das Beispiel der schulischen Direktive „sprich in ganzen Sätzen" herangezogen, die ich schon in Günther (1993) wie folgt kommentiert habe: „Natürlich ist die Direktive unangemessen, wo interaktive Strukturen vorliegen und z.B. Wer - Wo - Was -Fragen zu beantworten sind (*Wo warst Du? - In der Schule*). Angemessen ist sie, wenn nicht auf Fragen dieser Art zu antworten ist, sondern umfangreiche Verbalisierungen notwendig sind." Über konzeptionelle Schriftlichkeit zu verfügen heißt zu wissen, wann und wozu in ganzen Sätzen zu sprechen ist. Im Testverfahren *Bärenstark*, das in Berlin zum vorschulischen Sprachscreening verwendet wurde, wird in einer Aufgabe u.a. die Vollständigkeit der Sätze bewertet, mit denen Kinder eine Bildvorlage beschreiben. In der Kritik an diesem Verfahren wurde zurecht bemängelt, dass aus den Ergebnissen nicht gefolgert werden könne, dass die Kinder keine vollständigen Sätze bilden können, weil sie ihrer Alltagssprache folgen. Eigentlich wird hier aber getestet, ob eine Fähigkeit vorliegt, die konzeptionelle Schriftlichkeit betrifft. Wenn man die Aufgabe so interpretiert – im genannten Test wird das nicht so gemacht! - erhält man aber eine wichtige Information, wo in der Förderung anzusetzen ist, nämlich überhaupt die Differenz zwischen konzeptioneller Mündlichkeit und Schriftlichkeit deutlich zu machen!

Zweites Beispiel: Die Maxime „schreib, wie du sprichst"[85] enthält viel mehr, als man auf den ersten Blick sieht. Historisch verbarg sich dahinter bis in den Anfang des 20. Jahrhunderts hinein oft genug eigentlich das Umgekehrte: Es sollte gelernt werden zu sprechen wie gedruckt – was man vielfach ja nirgends hören konnte – und (erst) wenn man das konnte, konnte man auch schreiben (Müller 1990). Zwar haben sich die Verhältnisse durch die audiovisuellen Medien und die Etablierung eines allgemeinen Standards insofern verändert, als die Standardsprache inzwischen allen Kindern auch im auditiven Medium zugänglich ist; dennoch muss beim Schreibenlernen auch in einem Lehrgang mit Anlauttabelle sehr vieles geschrieben werden, was man nicht nicht hören kann, etwa den Buchstaben E in unbetonter Silbe. Eltern und zukünfigten Lehrerinnen und Lehrern klar zu machen, dass man in der zweiten Silbe von *Esel* oder *Lehrer* bei normaler Aussprache kein E hören kann, fällt schwer, weil sie ihr Bild der Sprache an der schriftlichen Form festgemacht haben (Günther 2000).

Drittes Beispiel: Die Lehrpläne sehen schon für die vierte Klasse der Grundschule das Erlernen der Fähigkeit vor, einen Vortrag zu halten. In der üblichen Lehrplanterminologie fällt dies unter den Lernbereich *Mündlichkeit*. Schon die notwendigen Vorarbeitsschritte aber sind schriftlich: Informationen sammeln (lesen), Stichpunkte machen (schreiben), die Stichpunkte gliedern (lesen und schreiben), usw. Auch das medial

---

85 Es wäre eine lohnende Aufgabe, Maximen wie diese oder auch „sprich in ganzen Sätzen" jenseits wohlfeiler Lächerlichmachung auf ihren sinnvollen Kern hin abzuklopfen.

mündliche Endprodukt ist durch und durch konzeptionell schriftlich[86] – und das muss gelernt und gelehrt werden. Die mündlichen Fähigkeiten, die die Kinder mitbringen, müssen (konzeptionell) schriftlich überformt werden.

Viertes Beispiel: Entgegen der allgemeinen Auffassung vom Abbildcharakter der Lautschrift ist es eine der wichtigsten Konsequenzen des Erwerbs der Alphabetschrift, sich die Sprachstruktur anhand der geschriebenen Sprache zu vergegenwärtigen, als „Grammatik". Der schwierige erste Schritt ist es dabei, den Blick auf die Form der Sprache, von der Bedeutung weg zu lenken; ohne diesen Schritt ist kein Erwerb der Alphabetschrift möglich (vgl. meine Beiträge zur Grammatik und zum ABC in diesem Band).

3.5 Der institutionalisierte Erwerb konzeptioneller Schriftlichkeit

Mediale wie konzeptionelle Schriftlichkeit werden immer institutionell vermittelt. Jedes gesunde Kind kommt als ein späterer Sprecher und Hörer zur Welt, aber niemand als Schreiber oder Leser. Koch & Oesterreicher äußern sich m.W. nie explizit zu Fragen des Erwerbs. Es scheint aber einleuchtend, dass Kinder sich im natürlichen Erstspracherwerb zunächst nur den Nähebereich aneignen und dass auch in oralen Kulturen Sprachformen des Distanzbereichs explizit gelehrt und gelernt werden müssen. Dabei sind die oben angesprochenen Formen „elaborierter Mündlichkeit", was die Produktionsseite angeht, mutmaßlich das Wissen weniger Eingeweihter gewesen. Es ist davon auszugehen, dass solche Distanzsprachlichkeit (konzeptionelle Schriftlichkeit) noch bis weit in die Neuzeit im Grunde keine Sprache im kommunikativen Sinne gewesen ist, weil sie von den meisten Zuhörern nicht eigentlich verstanden werden konnte, z.B. weite Teile der Messe in ländlicher Bevölkerung, öffentlich verkündete Gesetze usw.

Durch die Massenalphabetisierung des 19. und 20. Jahrhunderts hat sich diese Situation grundsätzlich verändert. Zuerst das rezeptive, später auch produktive Verfügen über Schriftlichkeit entreißt sie der Exklusivität elitärer Zirkel von Wissenden. Schrift und Schriftlichkeit werden ubiquitär. Der Begriff *konzeptionelle Schriftlichkeit* erfasst genau diesen Punkt: Sprachliche Formen, die eigentlich nur im schriftlichen Medium ihre Heimat haben, werden allgemein zugänglich und damit auch Teil des Alltagsdiskurses, führen zur Herausbildung einer gesprochenen Standardsprache, die in ihren Varietäten auch von Muttersprachlern institutionell gelernt werden muss. Dies ist in der deutschen Sprachgeschichte deutlich: Im 19. Jahrhundert lernen die Deutschen ihre Muttersprache als Hochsprache aus der Schrift (Günther 2007). Für die Beschreibung der hier

---

86 Dahingegen habe ich große Schwierigkeiten, einen gelungenen kindlichen Schulvortrag unter „Distanzsprache" zu verbuchen.

einschlägigen Prozesse kann man sich sehr gut auf Koch & Oesterreicher (1994, 2007) beziehen, wenn man ihr Antimedialitätsposition nicht ernst nimmt.

4 Literatur

Behaghel, Otto. 1899. *Geschriebenes Deutsch und Gesprochenes Deutsch.* Wissenschaftliche Beihefte zur Zeitschrift des Allgemeinen Deutschen Sprachvereins 17/18, 213-233. (Internet http://www.archive.org/details/grammatikaufst00behauoft)

Ehlich, Konrad. 1994. *Funktion und Struktur schriftlicher Kommunikation.* In: Günther, H. Ludwig, O. et al., 18-41.

Günther, Hartmut. 1993. *Erziehung zur Schriftlichkeit.* In: P Klotz & P. Eisenberg (Hrg.), Sprache gebrauchen - Sprachwissen erwerben. Stuttgart: Klett, 85-96. Wieder abgedruckt in diesem Band.

Günther, Hartmut. 2007. *deutsch - eine ungewöhnliche Geschichte.* In: Wolfgang Hasberg & Josef Schröder (Hrg.): Flores considerationum amicorum. Festschrift für Carl August Lückerrath zum 70. Geburtstag, 149-163.

Günther, Hartmut; Ludwig, Otto et al. (Hrg.). 1994/96. *Schrift und Schriftlichkeit. Ein interdisziplinäres Handbuch internationaler Forschung.* Berlin: de Gruyter.

Hurrelmann, Bettina. 2002. *Sozialhistorische Rahmenbedingungen von Lesekompetenz sowie soziale und personale Einflussfaktoren.* In: N. Groeben & B. Hurrelmann (Hrg.), Lesekompetenz. Weinheim und München: Juventa, 123-149.

Koch, Peter & Oesterreicher, Wulf. 1986. *Sprache der Nähe - Sprache der Distanz. Mündlichkeit und Schriftlichkeit im Spannungsfeld von Sprachtheorie und Sprachgeschichte.* Romanistisches Jahrbuch 1986, 15-43.

Koch, Peter & Oesterreicher, Wulf. 1994. *Schriftlichkeit und Sprache.* In: H. Günther, O. Ludwig et al., 587-604.

Koch, Peter & Oesterreicher, Wulf. 2007. *Schriftlichkeit und kommunikative Distanz.* Zeitschrift für germanistische Linguixstik 35, 346-375.

Lyons, John. 1981. *Language and Linguistics – An Introduction.* Cambridge: UP.

Müller, Karin. 1990. *Schreibe, wie du sprichst! - Eine Maxime im Spannungsfeld von Mündlichkeit und Schriftlichkeit. Eine historische Untersuchung.* Frankfurt: Peter Lang.

Steger, Hugo. 1987. *Bilden „gesprochene Sprache" und „geschriebene Sprache" eigene Sprachvarietäten?* In: H. Aust (Hrg.)Wörter: Schätze, Fugen und Fächer des Wissens. Festschrift für Theodor Lewandowski. Tübingen: Narr, 35-58.

Stetter, Christian. 2005. *System und Performanz. Symboltheoretische Grundlagen von Medientheorie und Sprachwissenschaft.* Weilerswist: Velbrück Wissenschaft.

Tut mir L/leid

Eine Glosse zur Orthographiereform aus dem Jahre 2005

Dem Konrad Duden wollten sie's gleichtun und meinten, sie könnten sich dicketun, uns allen wollten sie wohl tun. Erst allerdings mussten sie sehr geheim tun und auch mit den Lehrern schöntun, weil manche meinten, sie wollten uns übel tun mit ihrer Rechtschreibreform, und weil viele sich sehr schwer tun mit den Veränderungen, nicht zuletzt die Schulkinder, denen sie ja gut tun wollten. Wo aber angeblich Reform Not tut, da kann es manchmal auch wehtun, selbst wenn es einem Leid tut. Aber obwohl das früher weh tat, ließen sie nun kundtun, dass es ihnen ab 2005 auch leidtut. Könnte man das alles nicht einfach wegtun?